Yabanın Lezzetleri

Paleo Diyeti İçin Sağlıklı ve Lezzetli Tarifler

Deniz Doğan

İçindekiler

KABAK PAPPARDELLE ILE ELMA BERRY SOSLU BIZON KÖFTE

HAZIRLIK:25 dakika kavurma: 15 dakika pişirme: 18 dakika yapım: 4 porsiyon

KÖFTELER ÇOK ISLANACAKONLARI ŞEKILLENDIRDIĞINIZDE. ET KARIŞIMININ ELLERINIZE YAPIŞMASINI ÖNLEMEK IÇIN, ELINIZIN ALTINDA BIR KASE SOĞUK SU BULUNDURUN VE ÇALIŞIRKEN ARA SIRA ELLERINIZI ISLATIN. KÖFTELERI YAPARKEN SUYU BIRKAÇ KEZ DEĞIŞTIRIN.

KÖFTELER

Zeytin yağı

½ bardak doğranmış kırmızı soğan

2 diş sarımsak, kıyılmış

1 yumurta, hafifçe çırpılmış

½ su bardağı mantar ve doğranmış sapları

2 yemek kaşığı İtalyan (düz yaprak) kıyılmış taze maydanoz

2 yemek kaşığı zeytinyağı

1 pound yer bizonu (varsa kaba zemin)

ELMA-BERRY SOSU

2 yemek kaşığı zeytinyağı

2 büyük Granny Smith elma, soyulmuş, özlü ve doğranmış

2 arpacık soğan, ince kıyılmış

2 yemek kaşığı taze limon

½ su bardağı tavuk kemiği suyu (bkz.<u>yemek tarifi</u>) veya tuzsuz tavuk suyu

2 ila 3 yemek kaşığı kuru yemiş

KABAK PAPPARDELLE

6 kabak

2 yemek kaşığı zeytinyağı

¼ su bardağı ince kıyılmış soğan

½ çay kaşığı öğütülmüş kırmızı biber

2 diş sarımsak, kıyılmış

1. Köfte yapmak için fırını önceden 375° F'ye ısıtın. Bir fırın tepsisini hafifçe zeytinyağı ile kaplayın; bir kenara bırakmak Soğanı ve sarımsağı bir mutfak robotu veya karıştırıcıda birleştirin. Yumuşak bir nabız atana kadar. Soğan karışımını orta boy bir kaseye aktarın. Yumurta, mantar, maydanoz ve 2 yemek kaşığı sıvı yağı ekleyin; birleştirmek için karıştırın. Yer bizonu ekleyin; hafifçe ama iyice karıştırın. Et karışımını 16 porsiyona bölün; köfte oluşturur. Hazırlanan fırın tepsisine köfteleri eşit aralıklarla yerleştirin. 15 dakika pişirin; bir kenara bırakmak

2. Sos için bir tavada 2 yemek kaşığı yağı orta ateşte ısıtın. Elma ve arpacık ekleyin; pişirin ve 6 ila 8 dakika veya yumuşayana kadar karıştırın. Limon suyunu karıştırın. Karışımı bir mutfak robotu veya karıştırıcıya yerleştirin. Pürüzsüz olana kadar örtün ve işleyin veya karıştırın; tavaya geri dönün. Tavuk kemiği suyu ve kuş üzümü ile karıştırın. kaynatın; ısıyı azaltmak Sık sık karıştırarak 8 ila 10 dakika boyunca kapağı açık olarak pişirin. Köfte ekleyin; pişene kadar kısık ateşte karıştırarak pişirin.

3. Bu sırada pappardelle için kabakların uç kısımlarını kesin. Kabağı bir mandolin veya çok keskin bir sebze soyacağı ile ince şeritler halinde kesin. (Kabukları sağlam tutmak için, kabak ortasındaki tohumlara geldiğinizde tıraş etmeyi bırakın.) Büyük bir tavada 2 yemek kaşığı yağı orta ateşte ısıtın. Taze soğanları, ezilmiş kırmızı biberi ve sarımsağı ilave edin; 30 saniye pişirin ve karıştırın. Kabak şeritlerini ekleyin. Pişirin ve 3 dakika veya solana kadar hafifçe karıştırın.

4. Servis yapmak için pappardelle'i dört kaseye bölün; köfte ve elma-berry sosu ile.

KAVRULMUŞ SARIMSAKLI SPAGETTI SQUASH ILE BISON-CEP BOLOGNESE

HAZIRLIK:30 dakika pişirme: 1 saat 30 dakika pişirme: 35 dakika yapma: 6 porsiyon

YEDIĞINI SANDIĞINDASON ET SOSLU SPAGETTINIZ IÇIN PALEO DIET®'I BENIMSEDIĞINIZDE TEKRAR DÜŞÜNÜN. SARIMSAK, KIRMIZI ŞARAP VE DÜNYEVI MANTARLARLA TATLANDIRILMIŞ BU ZENGIN BOLOGNESE, TATLI VE TUZLU SPAGETTI KABAK PARÇALARINA KAŞIKLA KONUR. TEK BIR MAKARNAYI BILE KAÇIRMAZSINIZ.

1 ons kurutulmuş mantar

1 su bardağı kaynar su

3 yemek kaşığı sızma zeytinyağı

1 kilo yer bizonu

1 su bardağı ince doğranmış havuç (2)

½ su bardağı doğranmış soğan (1 orta boy)

½ su bardağı kıyılmış kereviz (bir sap)

4 diş sarımsak, ince kıyılmış

3 yemek kaşığı tuzsuz domates püresi

½ fincan kırmızı şarap

2 15 onsluk kutu tuzsuz ezilmiş domates

1 çay kaşığı kurutulmuş kekik, rendelenmiş

1 yemek kaşığı kuru kekik, ezilmiş

½ çay kaşığı karabiber

1 orta boy spagetti kabağı (2½ ila 3 pound)

1 baş sarımsak

1. Mantarları ve kaynar suyu küçük bir kapta birleştirin; 15 dakika bekletin. %100 pamuklu bezle kaplı bir süzgeçten süzün ve ıslatma sıvısını ayırın. mantarları kesin; bir kenara bırakmak

2. 4-5 litrelik bir Hollanda fırınında 1 çorba kaşığı zeytinyağını orta ateşte ısıtın. Öğütülmüş bizon, havuç, soğan, kereviz ve sarımsağı ekleyin. Etler suyunu salıp, sebzeler yumuşayıncaya kadar tahta kaşıkla karıştırarak etin dağılmasını sağlayın. Domates püresi ekleyin; 1 dakika karıştırarak pişirin. Kırmızı şarap ekleyin; 1 dakika karıştırarak pişirin. Mantar, domates, kekik, kekik ve biberi ilave edip karıştırın. Tencerenin dibinde olabilecek herhangi bir kum veya kum eklememeye dikkat ederek ayrılmış mantar sıvısını ekleyin. Ara sıra karıştırarak kaynatın; sıcaklığı azalt 1 ½ ila 2 saat veya istenen kıvama gelinceye kadar üzeri kapalı olarak pişirin.

3. Bu arada, fırını 375°F'ye ısıtın. Balkabağını uzunlamasına kesin; tohumları çıkar Kabak yarımlarını, kesilmiş tarafları aşağı gelecek şekilde büyük bir fırın tepsisine yerleştirin. Cildin her yerine bir çatalla delin. Sarımsak başının üst ½ inç kısmını kesin. Sarımsağı, kesik tarafı yukarıya gelecek şekilde kabakla birlikte fırın tepsisine yerleştirin. Kalan 1 çorba kaşığı zeytinyağı ile gezdirin. 35 ila 45 dakika veya kabak ve sarımsak yumuşayana kadar pişirin.

4. Bir kaşık ve çatal kullanarak balkabağının her bir yarısından kabak etini çıkarın; bir kaseye koyun ve sıcak tutmak için örtün. Sarımsak işlenecek kadar soğuduğunda, karanfilleri çıkarmak için ampulü alttan sıkın. Sarımsak karanfillerini ezmek için bir çatal kullanın. Sarımsak püresini kabağa karıştırın ve sarımsağı eşit şekilde dağıtın. Sosu kabak karışımının üzerine gezdirerek servis yapın.

CHILI CARNE ILE BIZON

HAZIRLIK:25 dakika pişirme: 1 saat 10 dakika yapma: 4 porsiyon

ŞEKERSIZ ÇIKOLATA, KAHVE VE TARÇINBU TATLI FAVORIYE ILGI KATIN. DAHA DA DUMANLI BIR TAT ISTIYORSANIZ, 1 YEMEK KAŞIĞI TÜTSÜLENMIŞ KIRMIZI BIBERI NORMAL KIRMIZI BIBERLE DEĞIŞTIRIN.

3 yemek kaşığı sızma zeytinyağı

1 kilo yer bizonu

½ su bardağı doğranmış soğan (1 orta boy)

2 diş sarımsak, kıyılmış

2 14,5 onsluk kutu tuzsuz, süzülmemiş doğranmış domates

1 6 ons tuzsuz domates salçası

1 su bardağı dana kemik suyu (bkz.<u>yemek tarifi</u>) veya tuzsuz et suyu

½ fincan sert kahve

2 ons %99 kakao pişirme çubukları, doğranmış

1 çay kaşığı kırmızı biber

1 yemek kaşığı öğütülmüş kimyon

1 çay kaşığı kurutulmuş kekik

1 ½ çay kaşığı tütsülenmiş baharat (bkz.<u>yemek tarifi</u>)

½ çay kaşığı öğütülmüş tarçın

⅓ su bardağı nugget

1 çay kaşığı zeytinyağı

½ su bardağı kaju kreması (bkz.<u>yemek tarifi</u>)

1 yemek kaşığı taze limon

½ su bardağı taze kişniş yaprağı

4 dilim limon

1. 3 yemek kaşığı zeytinyağını orta ateşte bir tavada ısıtın. Öğütülmüş bizonu, soğanı ve sarımsağı ekleyin; etin parçalanması için tahta kaşıkla karıştırarak yaklaşık 5 dakika veya et kızarana kadar pişirin. Süzülmemiş

domates, salça, dana kemik suyu, kahve, pişirme
çikolatası, kırmızı biber, kimyon, kekik, 1 tatlı kaşığı
Dumanlı Baharat ve tarçını karıştırın. kaynatın; ısıyı
azaltmak Ara sıra karıştırarak kapağı kapalı olarak 1 saat
pişirin.

2. Bu arada küçük bir tavada nuggetları 1 çorba kaşığı
zeytinyağında orta ateşte kabarana ve altın rengi
kahverengiye dönene kadar kızartın. Pepitaları küçük bir
kaseye koyun; kalan ½ çay kaşığı Dumanlı Baharatı
ekleyin; korunmak

3. Küçük bir kapta kaju kreması ve limon suyunu birleştirin.

4. Biberleri servis etmek için kaselere koyun. Kaju kreması,
biber ve kişniş ile süsleyin. Limon dilimleri ile servis
yapın.

KAVRULMUŞ LIMONLU FAS BIZONU BIFTEKLERI

HAZIRLIK:Izgarada 10 dakika: Yapılışı 10 dakika: 4 porsiyon

BU ÇABUK PIŞEN BIFTEKLERI SERVIS EDINTAZE VE KITIR KITIR TERBIYELI HAVUÇ SALATASI ILE (BKZ.<u>YEMEK TARIFI</u>). TATLI BIR ŞEY ISTIYORSANIZ, HINDISTANCEVIZI KREMALI IZGARA ANANAS (BKZ.<u>YEMEK TARIFI</u>) YEMEĞI BITIRMEK IÇIN HARIKA BIR YOL OLURDU.

2 yemek kaşığı öğütülmüş tarçın

2 çay kaşığı toz kırmızı biber

1 yemek kaşığı sarımsak tozu

¼ çay kaşığı acı biber

4 6 ons bizon fileto mignon biftek, ¾ ila 1 inç kalınlığında dilimlenmiş

2 limon, yatay olarak ikiye bölünmüş

1. Küçük bir kasede tarçın, kırmızı biber, sarımsak tozu ve kırmızı biberi karıştırın. Bifteği kağıt havluyla kurulayın. Bifteğin her iki tarafını da baharat karışımıyla ovun.

2. Kömürlü veya gazlı ızgara için, biftekleri orta ateşte doğrudan ızgaraya yerleştirin. Orta-az pişmiş (145°F) için üzerini kapatın ve 10 ila 12 dakika veya orta (155°F) için 12 ila 15 dakika, kızartmanın ortasında bir kez çevirerek ızgara yapın. Bu arada, limon yarımlarını kesik tarafları aşağı gelecek şekilde ızgaraya yerleştirin. 2 ila 3 dakika veya hafifçe kömürleşene ve sulu olana kadar ızgara yapın.

3. Bifteğin üzerine sıkmak için yarım limonla birlikte ızgarada servis yapın.

HERBES DE PROVENCE-OVALANMIS KIZARMIS BIZON FILETOSU

HAZIRLIK:15 dakika pişirme: 15 dakika kızartma: 1 saat 15 dakika bekleme: 15 dakika yapma: 4 porsiyon

HERBES DE PROVENCE BIR KARISIMDIRFRANSA'NIN GÜNEYINDE BOL MIKTARDA YETISEN KURUTULMUS OTLAR. KARISIM GENELLIKLE FESLEGEN, REZENE TOHUMU, LAVANTA, MERCANKÖSK, BIBERIYE, ADAÇAYI, KEKIK VE KEKIGIN BIR KOMBINASYONUNU IÇERIR. BU ÇOK AMERIKAN ROSTOSUNUN TADI HARIKA.

1 3 kilo bizon fileto biftek

3 yemek kaşığı Provence otları

4 yemek kaşığı sızma zeytinyağı

3 diş sarımsak, kıyılmış

4 küçük nohut, soyulmuş ve doğranmış

2 olgun armut, sapları çıkarılmış ve doğranmış

½ fincan şekersiz armut nektarı

1 ila 2 yemek kaşığı taze kekik

1. Fırını 375°F'ye ısıtın. Yanmış yağdan kesin. Küçük bir kapta Herbes de Provence, 2 yemek kaşığı zeytinyağı ve sarımsağı birleştirin; yanığın her yerine sürün.

2. Kızartmayı sığ bir tavada tel ızgara üzerine yerleştirin. Kızartmanın ortasına bir fırın termometresi yerleştirin.* Kapağı açık olarak 15 dakika kızartın. Fırın sıcaklığını 300°F'ye düşürün. 60-65 dakika daha veya bir et termometresi 140°F (orta az pişmiş) kaydedene kadar kızartın. Folyo ile örtün ve 15 dakika bekletin.

3. Bu arada, büyük bir tavada kalan 2 yemek kaşığı zeytinyağını orta ateşte ısıtın. Yaban havucu ve armut ekleyin; ara sıra karıştırarak 10 dakika veya yaban havucu gevrekleşene kadar pişirin. Armut nektarı ekleyin; yaklaşık 5 dakika veya sos hafifçe kalınlaşana kadar pişirin. Kekik atın.

4. Kızartmayı damar boyunca kesin. Eti yaban havucu ve armutla birlikte servis edin.

*İpucu: Bizon çok yağsızdır ve sığır etinden daha hızlı pişer. Ayrıca etin rengi sığır etinden daha kırmızıdır, bu nedenle pişip pişmediğini belirlemek için görsel bir ipucuna güvenemezsiniz. Etin ne zaman piştiğini anlayabilmek için bir et termometresine ihtiyacınız var. Bir fırın termometresi kullanışlıdır, ancak gerekli değildir.

MANDALINA GREMOLATA VE KEREVIZ PÜRESI ILE KAHVEDE KAVRULMUS BIZON KISA KABURGA

HAZIRLIK:15 dakika pişirme: 2 saat 45 dakika İçme: 6 porsiyon

BIZON KISA KABURGALARI BÜYÜK VE ETLIDIR.YUMUSATMAK IÇIN SIVI IÇINDE UZUN SÜRE IYI PISMELERI GEREKIR. MANDALINA KABUGU ILE YAPILAN GREMOLATA, BU DOYURUCU YEMEGIN LEZZETINI AYDINLATIYOR.

TURŞUSU

2 bardak su

3 fincan sert kahve, soğutulmuş

2 su bardağı taze mandalina suyu

2 yemek kaşığı kıyılmış taze biberiye

1 çay kaşığı öğütülmüş karabiber

4 pound bizon kısa kaburga, ayırmak için kaburgalar arasında kesilmiş

BASTIRMAK

2 yemek kaşığı zeytinyağı

1 çay kaşığı karabiber

2 bardak doğranmış soğan

½ bardak kıyılmış arpacık

6 diş sarımsak, kıyılmış

1 jalapeño biber, çekirdekleri çıkarılmış ve ince doğranmış (bkz.uç)

1 fincan sert kahve

1 su bardağı dana kemik suyu (bkz.yemek tarifi) veya tuzsuz et suyu

¼ fincan soluk ketçap (bkz.yemek tarifi)

2 yemek kaşığı Dijon usulü hardal (bkz.yemek tarifi)

3 yemek kaşığı elma sirkesi

Kereviz püresi (bkz.yemek tarifi, altında)

Mandarin Gremolata (bkz.yemek tarifi, Sağa)

1. Turşuyu yapmak için suyu, soğutulmuş kahveyi, mandalina suyunu, biberiyeyi ve karabiberi büyük, tepkimeye girmeyen bir kapta (cam veya paslanmaz çelik) karıştırın. Kaburgaları ekleyin. Gerekirse, su altında kalmaları için kaburgaların üzerine bir tabak yerleştirin. Örtün ve 4 ila 6 saat boyunca soğutun, bir kez karıştırın ve karıştırın.

2. Kızartmak için fırını 325°F'ye ısıtın. Kaburgaları boşaltın, turşuyu dökün. Kaburgaları mutfak kağıdıyla kurulayın. Zeytinyağını büyük bir Hollanda fırınında orta-yüksek ateşte ısıtın. Kaburgaları karabiber serpin. Kaburgaları her tarafı yaklaşık 5 dakika kızarana kadar partiler halinde kahverengileştirin. Büyük bir tabağa aktarın.

3. Tencereye soğan, arpacık soğanı, sarımsak ve jalapeno ekleyin. Isıyı orta seviyeye düşürün, örtün ve sebzeler yumuşayana kadar ara sıra karıştırarak yaklaşık 10 dakika pişirin. Kahve ve stok ekleyin; karıştırın, kızaran kısımları kazıyın. Paleo Ketçap, Dijon usulü hardal ve sirke ekleyin. kaynatın. Kaburgaları ekleyin. Örtün ve fırına koyun. Et tamamen pişene kadar yaklaşık 2 saat 15 dakika pişirin, hafifçe karıştırın ve kaburgaları bir veya iki kez yeniden düzenleyin.

4. Kaburgaları bir tabağa aktarın; sıcak tutmak için folyo ile çadır. Sosun yüzeyindeki yağı kaşıkla alın. Sos 2 bardağa düşene kadar yaklaşık 5 dakika pişirin. Kereviz püresini 6 tabağa paylaştırın; kaburga ve sos ile tepesinde. Mandarin Gremolata serpin.

Kereviz Kökü: Büyük bir tencerede, soyulmuş ve 1 inçlik parçalar halinde kesilmiş 3 libre kereviz kökü ile 4 bardak tavuk kemiği suyunu birleştirin (bkz. yemek tarifi) veya tuzsuz tavuk suyu. kaynatın; ısıyı azaltmak Stoku ayırarak kerevizi boşaltın. Kerevizi tavaya geri koyun. 1 yemek kaşığı zeytinyağı ve 2 yemek kaşığı kıyılmış taze kekik ekleyin. Kerevizi patates ezici ile ezin, gerekirse istenen kıvamı elde etmek için birkaç kaşık et suyu ekleyin.

Mandarina Gremolata: Küçük bir kapta ½ su bardağı kıyılmış taze maydanoz, 2 yemek kaşığı ince rendelenmiş mandalina kabuğu ve 2 diş kıyılmış sarımsağı birleştirin.

DANA KEMIK SUYU

HAZIRLIK:25 dakika kızartma: 1 saat Pişirme: 8 saat Kaynatma: 8 ila 10 bardak

ÖKÜZ KUYRUĞU KEMIKLERI ÇOK ZENGIN AROMALI BIR ET SUYU YAPARET SUYU GEREKTIREN HERHANGI BIR TARIFTE KULLANILABILIR VEYA GÜNÜN HERHANGI BIR SAATINDE BIR KASEDE TÜKETILEBILIR. BIR ZAMANLAR BIR ÖKÜZDEN GELMESINE RAĞMEN, BUGÜN ÖKÜZ KUYRUĞU BIR ET HAYVANINDAN GELIYOR.

5 havuç, kaba doğranmış

5 kereviz sapı, iri kıyılmış

2 sarı soğan, soyulmamış, ikiye bölünmüş

8 ons beyaz mantar

1 baş sarımsak, soyulmamış, ikiye bölünmüş

2 pound öküz kuyruğu kemiği veya sığır kemiği

2 domates

12 bardak soğuk su

3 defne yaprağı

1. Fırını 400°F'ye ısıtın. Havuç, kereviz, soğan, mantar ve sarımsağı geniş kenarlı bir fırın tepsisine veya sığ bir tavaya koyun; kemikleri sebzelerin üzerine yerleştirin. Bir mutfak robotunda, domatesleri pürüzsüz olana kadar çekin. Domatesleri kemiklerin üzerine gelecek şekilde yayın (püre tavaya ve sebzelerin üzerine akıyorsa sorun değil). 1 ila 1 1/2 saat veya kemikler koyu kahverengi olana ve sebzeler karamelleşene kadar pişirin. Kemikleri ve sebzeleri 10 ila 12 litre Hollandalı bir fırına veya tencereye aktarın. (Domates karışımının bir kısmı tencerenin dibinde karamelleşirse, tavaya 1 su bardağı sıcak su ekleyin ve topakları çıkarın. Sıvıyı kemiklerin ve

sebzelerin üzerine dökün, su miktarını 1 bardak azaltın.) soğuk su ve defne yaprağı.

2. Karışımı orta-yüksek ateşte yavaşça kaynatın. Isıyı azaltın; örtün ve ara sıra karıştırarak et suyunu 8 ila 10 saat kaynamaya bırakın.

3. Et suyunu süzün; kemikleri ve sebzeleri atın. taze et suyu; stoğu saklama kaplarına aktarın ve 5 güne kadar buzdolabında saklayın; 3 aya kadar dondurun.*

Yavaş Pişirici Talimatları: 6-8 litrelik bir yavaş pişirici için 1 kilo sığır kemiği, 3 havuç, 3 sap kereviz, 1 sarı soğan ve 1 baş sarımsak kullanın. 1 domatesi püre haline getirin ve kemiklerini ovun. Belirtildiği gibi pişirin, ardından kemikleri ve sebzeleri yavaş pişiriciye aktarın. Her karamelize domatesi belirtildiği gibi çıkarın ve yavaş pişiriciye ekleyin. Üzerini kapatacak kadar su ekleyin. Örtün ve stok kaynayana kadar yaklaşık 4 saat yüksek ateşte pişirin. Düşük ısıya düşürün; 12 ila 24 saat pişirin. Suyu süzün; kemikleri ve sebzeleri atın. Belirtildiği gibi kaydedin.

*İpucu: Kolay yağ giderme için, suyu gece boyunca buzdolabında kapalı bir kapta saklayın. Yağ tepeye yükselir ve kolayca çıkarılabilen katı bir tabaka oluşturur. Et suyu soğuduktan sonra koyulaşabilir.

BAHARATLI TATLI PATATES ILE BAHARATLI TUNUS DOMUZ OMZU

HAZIRLIK:25 dakika kavurma: 4 saat pişirme: 30 dakika yapma: 4 porsiyon

BU YAPMAK IÇIN HARIKA BIR YEMEKSERIN BIR SONBAHAR GÜNÜNDE. ETLER FIRINDA SAATLERCE PISER, EVINIZIN MIS GIBI KOKMASINI SAGLAR VE SIZE BASKA SEYLER IÇIN ZAMAN KAZANDIRIR. FIRINDA PATATES KIZARTMASI, BEYAZ PATATES KADAR ÇITIR ÇITIR DEGILDIR, ANCAK ÖZELLIKLE SARIMSAKLI MAYONEZE BATIRILDIGINDA KENDI YOLLARIYLA LEZZETLIDIR.

DOMUZ

1 2½ ila 3 kiloluk kemikli rosto domuz omzu

2 yemek kaşığı öğütülmüş anço biber

2 yemek kaşığı öğütülmüş kimyon

1 çay kaşığı ince öğütülmüş kimyon tohumu

1 yemek kaşığı öğütülmüş kişniş

½ çay kaşığı öğütülmüş zerdeçal

¼ çay kaşığı öğütülmüş tarçın

3 yemek kaşığı zeytinyağı

CIPS

4 orta boy tatlı patates (yaklaşık 2 pound), soyulmuş ve ½ inç kalınlığında dilimler halinde kesilmiş

½ çay kaşığı öğütülmüş kırmızı biber

½ çay kaşığı soğan tozu

½ çay kaşığı sarımsak tozu

Zeytin yağı

1 soğan, ince dilimlenmiş

Paleo Aioli (Sarımsak Mayıs) (bkz.<u>yemek tarifi</u>)

1. Fırını 300°F'ye ısıtın. Etin yağını kesin. Küçük bir kapta toz biber, kimyon, kimyon, kişniş, zerdeçal ve tarçını

karıştırın. ete baharat karışımı serpin; parmaklarınızla etin içine eşit şekilde sürün.

2. 5-6 litrelik bir Hollanda fırınında 1 çorba kaşığı zeytinyağını orta ateşte ısıtın. Kızgın yağda her taraftan kahverengi domuz eti. Örtün ve 4 saat boyunca veya çok hassas olana ve bir et termometresi 190°F'yi kaydedene kadar kızartın. Hollandalı fırını fırından çıkarın. Patatesleri ve soğanları pişirirken üzerini kapatın ama 1 çorba kaşığı yağı tencereye alın.

3. Fırın sıcaklığını 400°F'ye yükseltin. Patates kızartması için geniş bir kapta tatlı patatesleri, kalan 2 yemek kaşığı zeytinyağını, toz kırmızıbiberi, soğan tozunu ve sarımsak tozunu birleştirin; korunmak Büyük bir fırın tepsisini veya iki küçük fırın tepsisini folyo ile kaplayın; ekstra zeytinyağı ile fırçalayın. Tatlı patatesleri hazırlanan fırın tepsisine tek bir tabaka halinde yerleştirin. Yaklaşık 30 dakika veya pişene kadar pişirin, tatlı patatesleri pişirme işleminin yarısında bir kez çevirin.

4. Bu sırada eti tavadan alın; sıcak tutmak için folyo ile örtün. 1 çorba kaşığı yağ bırakarak süzün. Ayrılmış yağı Hollanda fırınına geri koyun. Soğanı ekleyin; orta ateşte yaklaşık 5 dakika veya yumuşayana kadar ara sıra karıştırarak pişirin.

5. Domuz etini ve soğanı bir tabağa aktarın. İki çatal kullanarak domuz etini büyük şeritler halinde parçalayın. Çekilmiş domuz eti ve patatesleri Paleo Aïoli ile servis edin.

IZGARA KÜBA DOMUZ OMZU

HAZIRLIK:15 dakika marine edin: 24 saat ızgara yapın: 2 saat 30 dakika bekletin: 10 dakika Yapılışı: 6 ila 8 porsiyon.

MENŞE ÜLKESINDE "LECHON ASADO" OLARAK BILINIR,BU ROSTO DOMUZ ETI, TAZE NARENCIYE SUYU, BAHARATLAR, EZILMIŞ KIRMIZI BIBER VE BÜTÜN BIR BAŞ KIYILMIŞ SARIMSAK KOMBINASYONUNDA MARINE EDILIR. BIR GECE BOYUNCA MARINEDE BEKLETILDIKTEN SONRA SICAK KÖMÜRLERIN ÜZERINDE PIŞIRMEK HARIKA BIR LEZZET VERIYOR.

1 baş sarımsak, dişleri ayrılmış, soyulmuş ve ince kıyılmış

1 su bardağı iri kıyılmış soğan

1 su bardağı zeytinyağı

1⅓ fincan taze limon suyu

⅔ bardak taze portakal suyu

1 yemek kaşığı öğütülmüş kimyon

1 yemek kaşığı kurutulmuş kekik, ezilmiş

2 yemek kaşığı taze çekilmiş karabiber

1 çay kaşığı öğütülmüş kırmızı biber

1 4 ila 5 kiloluk kemiksiz omuz kızartması

1. Turşuyu yapmak için sarımsağın başını dişlere ayırın. Fasulyeleri soyun ve ince doğrayın; Büyük bir kaseye koyun. Soğan, zeytinyağı, limon suyu, portakal suyu, kimyon, kekik, karabiber ve ezilmiş kırmızı biberi ekleyin. İyice karıştırın ve kenara koyun.

2. Bir kemik bıçağı kullanarak rostoyu derin bir şekilde delin. Kızartmayı mümkün olduğu kadar fazla sıvıya batırarak yavaşça turşunun içine indirin. Kaseyi plastik ambalajla sıkıca kapatın. Buzdolabında bir kez çevirerek 24 saat marine edin.

3. Domuz etini marineden çıkarın. Marinayı orta boy bir tencereye dökün. kaynatın; 5 dakika kaynatın. Ateşten alın ve soğumaya bırakın. Bir kenara bırak.

4. Kömürlü Barbekü: Orta derecede sıcak kömürleri bir damlama kabının etrafına yerleştirin. Tavada orta ateşte deneyin. Eti ızgaradaki damlama tepsisine yerleştirin. Örtün ve 2 1/2 ila 3 saat veya anında okunan bir termometre 140 ° F kızartma kayıtlarının yarısına girene kadar ızgara yapın. (Gazlı ızgara için, ızgarayı önceden ısıtın. Isıyı orta seviyeye düşürün. Dolaylı pişirme için ayarlayın. Eti kapalı ocağın üzerindeki ızgaraya yerleştirin. Belirtildiği gibi örtün ve ızgara yapın.) Eti ızgaradan çıkarın. Folyo ile örtün ve dilimlemeden veya çekmeden önce 10 dakika bekletin.

İTALYAN OTLARI VE SEBZELERI ILE DOMUZ RULO

HAZIRLIK:20 dakika kızartma: 2 saat 25 dakika ayakta: 10 dakika yapım: 8 porsiyon

"TAZE EN IYISIDIR" IYI BIR MANTRADIRYEMEK PIŞIRMEYE GELINCE DEVAM ETMEK IÇIN. BUNUNLA BIRLIKTE, KURUTULMUŞ OTLAR ET OVMALARINDA ÇOK IYI ÇALIŞIR. BAHARATLAR KURUTULDUĞUNDA TATLARI YOĞUNLAŞIR. ETIN NEMI ILE TEMAS ETTIKLERINDE, MAYDANOZ, REZENE, KEKIK, SARIMSAK VE BAHARATLI KIRMIZI BIBERLE TATLANDIRILMIŞ İTALYAN USULÜ TATLAR VERIRLER.

2 yemek kaşığı kuru maydanoz, kıyılmış

2 yemek kaşığı rezene tohumu, doğranmış

4 yemek kaşığı kurutulmuş kekik, rendelenmiş

1 çay kaşığı taze çekilmiş karabiber

½ çay kaşığı öğütülmüş kırmızı biber

4 diş sarımsak, ince kıyılmış

1 4 kiloluk kemikli rosto omzu

1 ila 2 yemek kaşığı zeytinyağı

1¼ bardak su

2 orta boy soğan, soyulmuş ve parçalar halinde kesilmiş

1 büyük rezene ampulü, yıkanmış, çekirdekleri çıkarılmış ve parçalara ayrılmış

2 kilo brüksel lahanası

1. Fırını 325°F'ye ısıtın. Küçük bir kapta maydanoz, rezene tohumu, kekik, karabiber, ezilmiş kırmızı biber ve sarımsağı birleştirin; bir kenara bırakmak Gerekirse rosto domuzunu gevşetin. Etin yağını kesin. Baharat karışımı ile etin her tarafını ovun. İstenirse, kızartmayı bir arada tutmak için bağlayın.

2. Yağı bir Hollanda fırınında orta ateşte ısıtın. Kızgın yağda etin her tarafını kızartın. Yağı boşaltın. Hollandalı fırın rostosunun etrafına su dökün. Bir buçuk saat boyunca üstü açık olarak kızartın. Soğanı ve rezeneyi rosto domuzun etrafına yerleştirin. Örtün ve 30 dakika daha kızartın.

3. Bu sırada Brüksel lahanalarının saplarını kesin ve solmuş dış yaprakları çıkarın. Brüksel lahanalarını ortadan ikiye kesin. Brüksel lahanalarını Hollanda fırınına ekleyin ve diğer sebzelerin üzerine yerleştirin. Örtün ve 30-35 dakika daha veya sebzeler ve etler yumuşayana kadar kızartın. Eti servis tabağına alın ve üzerini folyo ile kapatın. Dilimlemeden önce 15 dakika bekletin. Kaplamak için sebzeleri tava suları ile atın. Bir tabakta veya kasede servis etmek için sebzeleri bir kaşıkla çıkarın; sıcak tutmak için örtün.

4. Büyük bir kaşık kullanarak tavadaki sıvı yağı alın. Kalan tava sularını bir elekten geçirin. Domuzu kesin, kemiği çıkarın. Eti sebzeler ve tava suları ile servis edin.

YAVAŞ PIŞIRICIDEN DOMUZ KÖSTEBEĞI

HAZIRLIK:20 dakikalık yavaş pişirme: 8 ila 10 saat (düşük) veya 4 ila 5 saat (yüksek)
Yapım: 8 porsiyon

KIMYON, KIŞNIŞ, KEKIK, DOMATES, BADEM, KURU ÜZÜM, ACI BIBER VE ÇIKOLATA ILE,BU ZENGIN VE BAHARATLI SOS, ÇOK IYI BIR ŞEKILDE YUMRUK ATIYOR. DIŞARI ÇIKMADAN ÖNCE SABAHA BAŞLAMAK IÇIN MÜKEMMEL BIR YEMEK. EVE GELDIĞINIZDE AKŞAM YEMEĞI NEREDEYSE HAZIRDIR VE EVINIZ HARIKA KOKAR.

1 3 kiloluk kemiksiz omuz kızartması

1 bardak doğranmış soğan

3 diş sarımsak, dilimlenmiş

1½ su bardağı Sığır Kemik Suyu (bkz.yemek tarifi), tavuk kemiği suyu (bkz.yemek tarifi) veya tuzsuz sığır eti veya tavuk suyu

1 yemek kaşığı öğütülmüş kimyon

1 yemek kaşığı öğütülmüş kişniş

2 yemek kaşığı kurutulmuş kekik, ezilmiş

1 15 ons tuzsuz doğranmış domates, süzülmüş

1 6 ons tuzsuz domates salçası

½ su bardağı kıyılmış badem, kavrulmuş (bkz.uç)

¼ fincan kükürtsüz altın kuru üzüm veya kuş üzümü

2 ons şekersiz çikolata (Scharffen Berger 99% Cocoa Bar gibi), doğranmış

1 bütün ancho veya kurutulmuş chipotle biber

2 4 inç tarçın çubukları

¼ fincan kıyılmış taze kişniş

1 avokado, soyulmuş, beyazlatılmış ve ince dilimlenmiş

1 limon, dilimler halinde kesilmiş

⅓ fincan tuzsuz kavrulmuş yeşil kabak çekirdeği (isteğe bağlı) (bkz.uç)

1. Domuzun yağını kesin. Gerekirse eti 5-6 litre yavaş
   pişiriciye uyacak şekilde kesin; bir kenara bırakmak

2. Yavaş pişiricide soğan ve sarımsağı birleştirin. Dana Kemik
   Suyu 2 fincanlık bir ölçü kabında kimyon, kişniş ve kekiği
   karıştırın; mutfağa at Doğranmış domates, salça, badem,
   kuru üzüm, çikolata, kuru kırmızı biber ve çubuk tarçını
   karıştırın. Eti ocağa koyun. Üzerine domatesli karışımı
   gezdirin. Örtün ve düşük seviyede 8 ila 10 saat veya
   yüksek sıcaklıkta 4 ila 5 saat veya domuz eti yumuşayana
   kadar pişirin.

3. Bir kesme tahtasına aktarın; biraz soğu. Eti iki çatalla
   şeritler halinde çekin. Eti folyo ile örtün ve bırakın.

4. Kurutulmuş biberleri ve tarçın çubuklarını çıkarın ve atın.
   Büyük bir kaşık kullanarak, domates karışımındaki yağı
   alın. Domates karışımını bir karıştırıcıya veya mutfak
   robotuna yerleştirin. Örtün ve neredeyse pürüzsüz olana
   kadar karıştırın veya işleyin. Çekilmiş domuz eti ve sosu
   yavaş pişiriciye geri koyun. 2 saate kadar servis yapmaya
   hazır olana kadar kısık ateşte tutun.

5. Servis yapmadan önce kişniş ekleyin. Köstebek kaselerinde
   servis yapın ve avokado dilimleri, limon dilimleri ve
   istenirse kabak çekirdeği ile süsleyin.

DOMUZ ETI VE BALKABAĞI GÜVEÇ

HAZIRLIK:30 dakika pişirme: 1 saat yapma: 4 porsiyon

BIBERLI HARDAL YEŞILLIKLERI VE KABAKDOĞU AVRUPA
LEZZETLERIYLE TATLANDIRILMIŞ BU GÜVECE CANLI RENKLER
VE BOLCA VITAMIN, LIF VE FOLAT EKLEYIN.

1 1¼ ila 1½ kilo rosto domuz omzu

1 çay kaşığı kırmızı biber

1 yemek kaşığı lahana tohumu, ince kıyılmış

2 yemek kaşığı kuru hardal

¼ çay kaşığı acı biber

2 yemek kaşığı rafine hindistan cevizi yağı

8 ons taze mantar, ince dilimlenmiş

2 kereviz sapı, çapraz olarak 1 inçlik dilimler halinde kesin

1 küçük kırmızı soğan, ince dilimlenmiş

6 diş sarımsak, kıyılmış

5 su bardağı tavuk kemiği suyu (bkz.<u>yemek tarifi</u>) veya tuzsuz tavuk suyu

2 su bardağı dilimlenmiş ve soyulmuş kabak

3 su bardağı kıyılmış, kıyılmış hardal yeşillikleri veya yeşil lahana

2 yemek kaşığı kıyılmış taze adaçayı

¼ fincan taze limon suyu

1. Domuzun yağını kesin. Domuzu 1½ inçlik küpler halinde
   kesin; Büyük bir kaseye koyun. Kırmızı biber, kimyon
   tohumu, kuru hardal ve acı biberi küçük bir kasede
   birleştirin. Eşit şekilde kaplamak için domuzun üzerine
   serpin.

2. Hindistan cevizi yağını 4-5 litre Hollanda fırınında orta
   ateşte ısıtın. Etin yarısını ekleyin; ara sıra karıştırarak
   kızarana kadar pişirin. Eti tavadan çıkarın. Kalan et ile
   tekrarlayın. Eti bir kenara bırakın.

3. Mantarları, kerevizi, kırmızı soğanı ve sarımsağı Hollanda
   fırınına ekleyin. Ara sıra karıştırarak 5 dakika pişirin. Eti
   Hollanda fırınına geri koyun. Tavuk kemik suyunu
   dikkatlice ekleyin. kaynatın; ısıyı azaltmak Örtün ve 45
   dakika pişirin. Balkabağını karıştırın. Örtün ve 10 ila 15
   dakika daha veya domuz eti ve kabak yumuşayana kadar
   pişirin. Hardal yeşillikleri ve adaçayı karıştırın. 2 ila 3
   dakika veya sebzeler yumuşayana kadar pişirin. Limon
   suyunu karıştırın.

BRENDI SOSLU MEYVE DOLGULU ROSTO FILETO

HAZIRLIK:30 dakika pişirme: 10 dakika kızartma: 1 saat 15 dakika bekleme: 15 dakika yapma: 8 ila 10 porsiyon

BU ŞIK REKI BUNUN IÇIN MÜKEMMELÖZELLIKLE SONBAHARDA ÖZEL BIR FIRSAT VEYA AILE TOPLANTISI. TATLAR - ELMA, KÜÇÜK HINDISTAN CEVIZI, FINDIK VE CEVIZLER - O MEVSIMIN ÖZÜNÜ YAKALAR. TATLI PATATES, YABAN MERSINI VE KAVRULMUŞ PANCARLI LAHANA SALATASI ILE SERVIS YAPIN (BKZ.<u>YEMEK TARIFI</u>).

YAKMAK

1 yemek kaşığı zeytinyağı

2 su bardağı doğranmış ve soyulmuş Granny Smith elması (yaklaşık 2 orta boy)

1 arpacık soğan, ince kıyılmış

1 yemek kaşığı ince kıyılmış taze kekik

¾ çay kaşığı taze çekilmiş karabiber

⅛ çay kaşığı hindistan cevizi

½ su bardağı kükürtsüz kuru kayısı, doğranmış

¼ fincan ceviz, doğranmış, kızartılmış (bkz.<u>uç</u>)

1 su bardağı tavuk kemiği suyu (bkz.<u>yemek tarifi</u>) veya tuzsuz tavuk suyu

1 3 kiloluk kemiksiz domuz filetosu (tek taban)

BRENDI SOSU

2 yemek kaşığı elma sirkesi

2 yemek kaşığı brendi

1 yemek kaşığı Dijon usulü hardal (bkz.<u>yemek tarifi</u>)

Taze çekilmiş karabiber

1. Doldurmak için zeytinyağını büyük bir tavada orta ateşte ısıtın. Elma, arpacık soğanı, kekik, ¼ çay kaşığı biber ve muskat ekleyin; 2 ila 4 dakika veya elmalar ve arpacık

soğanları yumuşayana ve hafifçe altın rengi olana kadar ara sıra karıştırarak pişirin. Kayısıları, cevizleri ve bir kaşık et suyunu karıştırın. Kayısıları yumuşatmak için kapağı açık olarak 1 dakika pişirin. Ateşten alın ve bir kenara koyun.

2. Fırını 325°F'ye ısıtın. Tereyağlı domuz eti, diğer tarafın ½ inç içinde kızartmanın ortasından uzunlamasına kesin. Kızartmayı yayın. Bıçağı V kesimine yerleştirin, yatay olarak V'nin bir tarafına doğrultun ve yanın yarım inç içinde kesin. V'nin diğer tarafında tekrarlayın. Kızartmayı açın ve plastik örtü ile örtün. Merkezden kenarlara doğru çalışarak rostoyu bir et çekiçle ¾ inç kalınlığa gelene kadar dövün. Plastik ambalajı çıkarın ve atın. Dolguyu rosto üzerine yayın. Kızartmayı bir kısa kenarından spiral şeklinde çevirin. Kızartmayı bir arada tutmak için birkaç yerde %100 pamuklu soda ile bağlayın. Kızartmayı kalan 1/2 çay kaşığı biberle serpin.

3. Kızartmayı sığ bir tavada tel ızgaranın üzerine koyun. Kızartmanın ortasına (doldurmanın değil) bir fırın termometresi yerleştirin. Kapağı açık olarak 1 saat 15 dakika ila 1 saat 30 dakika veya termometre 145°F'yi kaydedene kadar kızartın. Kızartmayı çıkarın ve folyo ile örtün; Dilimlemeden önce 15 dakika bekletin.

4. Bu arada Brendi Sosu için, kalan suyu ve elma suyu damlacıklarını tavaya karıştırın ve kızaran parçaları çıkarmak için karıştırın. Damlamaları orta boy bir tencereye süzün. kaynatın; yaklaşık 4 dakika veya sos üçte bir oranında azalana kadar pişirin. Brendi ve Dijon

hardalını karıştırın. İlave biberle tatlandırın. Sosu
kızarmış domuz eti ile servis edin.

PORCHETTA USULÜ KIZARMIŞ DOMUZ ETI

HAZIRLIK:15 dakika marine edin: Geceden bırakın: 40 dakika Kızartma: 1 saat İçecekler: 6 porsiyon

GELENEKSEL İTALYAN PORCHETTA(İNGILIZCE'DE BAZEN DOMUZ ETI OLARAK YAZILIR) SARIMSAK, REZENE, BIBER VE ADAÇAYI VEYA BIBERIYE GIBI OTLARLA DOLDURULMUŞ, TÜKÜRÜKTE KAVRULMUŞ VE ODUN KAVRULMUŞ KEMIKSIZ DOMUZ ETIDIR. ÇOĞU DURUMDA, AYNI ZAMANDA OLDUKÇA TUZLUDUR. BU PALEO VERSIYONU BASITLEŞTIRILMIŞ VE ÇOK LEZZETLI. İSTENIRSE ADAÇAYI TAZE BIBERIYE ILE DEĞIŞTIRIN VEYA IKI BITKININ BIR KARIŞIMINI KULLANIN.

1 2 ila 3 pound kemiksiz domuz filetosu

2 yemek kaşığı rezene tohumu

1 çay kaşığı karabiber

½ çay kaşığı öğütülmüş kırmızı biber

6 diş sarımsak, kıyılmış

1 yemek kaşığı ince rendelenmiş portakal kabuğu

1 yemek kaşığı kıyılmış taze adaçayı

3 yemek kaşığı zeytinyağı

½ bardak sek beyaz şarap

½ su bardağı tavuk kemiği suyu (bkz.<u>yemek tarifi</u>) veya tuzsuz tavuk suyu

1. Kızarmış domuz etini buzdolabından çıkarın; 30 dakika oda sıcaklığında bırakın. Bu arada, küçük bir tavada, rezene tohumlarını orta ateşte, sık sık karıştırarak, yaklaşık 3 dakika veya koyulaşana ve hoş kokulu olana kadar kızartın; taze Baharat öğütmek veya temiz kahve öğütmek için hareket ettirin. Karabiber ve ezilmiş kırmızı biber

ekleyin. Öğütme için orta kıvam. (Bir toz haline getirmeyin.)

2. Fırını 325°F'ye ısıtın. Küçük bir kapta otları, sarımsağı, portakal kabuğunu, adaçayı ve zeytinyağını macun haline getirin. Kızarmış domuz etini ızgarada küçük bir tavaya koyun. Karışımı domuz eti üzerine sürün. (Arzu edilirse terbiyeli domuz etini 9 × 13 × 2 inçlik bir cam pişirme kabına koyun. Üzerini streç filmle örtün ve marine olması için gece boyunca buzdolabında bekletin. Pişirmeden önce eti bir kızartma tavasına aktarın ve oda sıcaklığında 30 Pişirmeden birkaç dakika önce.)

3. Domuz eti 1 1/2 saat veya anında okunan bir termometre rosto kayıtlarının merkezine 145°F yerleştirilene kadar kızartın. Kızartmayı bir kesme tahtasına aktarın ve folyo ile kaplayın. Dilimlemeden önce 10 ila 15 dakika bekletin.

4. Bu sırada tava suyunu bir ölçü kabına dökün. Yukarıdan yağsız yağ; bir kenara bırakmak Tencereyi ocak brülörünün üzerine yerleştirin. Şarabı ve tavuk kemiği suyunu tavaya dökün. Kızarmış parçaları çıkarmak için karıştırarak orta ateşte kaynatın. Yaklaşık 4 dakika veya karışım hafifçe azalana kadar pişirin. Ayrılmış tava sularını karıştırın; deformasyon Eti dilimleyin ve sosla birlikte servis edin.

TOMATILLO DOMUZ FILETOSU

HAZIRLIK:40 dakika tütsüleme: 10 dakika pişirme: 20 dakika kızartma: 40 dakika ayakta: 10 dakika yapma: 6 ila 8 porsiyon

TOMATILLOS SULU, SULU BIR KAPLAMAYA SAHIPTIR.KAĞIT DERILERININ ALTINDA. CILDI ÇIKARDIKTAN SONRA SU ALTINDA HIZLICA DURULAYIN VE KULLANIMA HAZIRDIR.

1 pound tomatillos, soyulmuş, saplı ve yıkanmış

4 serrano biberi, sapları çıkarılmış, çekirdekleri çıkarılmış ve ikiye bölünmüş (bkz.uç)

2 jalapeno biberi, sapları çıkarılmış, çekirdekleri çıkarılmış ve ikiye bölünmüş (bkz.uç)

1 büyük sarı biber, saplı, çekirdeksiz ve ikiye bölünmüş

1 büyük turuncu biber, sapları çıkarılmış, çekirdekleri çıkarılmış ve ikiye bölünmüş

2 yemek kaşığı zeytinyağı

1 2 ila 2 ½ pound kemiksiz domuz filetosu

1 büyük sarı soğan, soyulmuş, ikiye bölünmüş ve ince dilimlenmiş

4 diş sarımsak, ince kıyılmış

¾ bardak su

¼ fincan taze limon suyu

¼ fincan kıyılmış taze kişniş

1. Bezleri üstte ısıtın. Bir fırın tepsisini folyo ile kaplayın. Hazırlanan fırında tomatillos, serrano chiles, jalapeños ve biberleri düzenleyin. Sebzeleri 4 inç (10 cm) ateşte iyice ovalanana kadar kızartın, domatesleri ara sıra çevirin ve sebzeleri çıkarın, yaklaşık 10 ila 15 dakika. Serranos, jalapeño ve domatesleri bir kaseye koyun. Biberleri bir tabağa koyun. Sebzeleri soğumaya bırakın.

2. Yağı büyük bir tavada orta ateşte parıldayana kadar ısıtın. Kızarmış domuz eti temiz kağıt havlularla kurulayın ve tavaya ekleyin. Kızartmanın eşit şekilde kızarması için her tarafı iyice kızarana kadar kızartın. Kızartmayı bir tabağa

koyun. Isıyı ortama indirin. Tavaya soğan ekleyin; pişirin ve 5 ila 6 dakika veya altın rengi kahverengi olana kadar karıştırın. Sarımsağı ekleyin; 1 dakika daha pişirin. Tavayı ocaktan alın.

3. Fırını 350°F'ye ısıtın. Tomatillo sosu için domatesleri, serranoları ve jalapenoları bir mutfak robotu veya karıştırıcıda birleştirin. Pürüzsüz olana kadar örtün ve karıştırın veya işleyin; soğanı tavaya ekleyin. Tavayı tekrar ateşe verin. kaynatın; 4 ila 5 dakika veya karışım koyu ve kalın olana kadar pişirin. Su, limon suyu ve kişniş ile karıştırın.

4. Tomatillo sosunu 3 litrelik sığ bir güveç veya fırın tepsisine yayın. Kızarmış domuz etini sosun içine koyun. Folyo ile sıkıca kapatın. 40 ila 45 dakika veya kızartmanın merkezine yerleştirilen anında okunan bir termometre 140 ° F okuyana kadar kızartın.

5. Biberleri şeritler halinde kesin. Domates sosunu tavaya karıştırın. Kağıt ile gevşek çadır; 10 dakika bekletin. eti kesin; sosu karıştırın. Domates sosuyla cömertçe süslenmiş domuz filetosunu servis edin.

KAYISI ILE DOLDURULMUŞ DOMUZ FILETOSU

HAZIRLIK:20 dakika kavurma: 45 dakika sertleştirme: 5 dakika yapma: 2 ila 3 porsiyon

2 orta boy taze kayısı, iri doğranmış

2 yemek kaşığı kükürt içermeyen kuru üzüm

2 yemek kaşığı kıyılmış ceviz

2 yemek kaşığı rendelenmiş taze zencefil

¼ çay kaşığı kakule

1 12 ons domuz filetosu

1 yemek kaşığı zeytinyağı

1 yemek kaşığı Dijon usulü hardal (bkz.<u>yemek tarifi</u>)

¼ çay kaşığı karabiber

1. Fırını 375°F'ye ısıtın. Bir fırın tepsisini kağıtla kaplayın; fırın tepsisine bir tel ızgara yerleştirin.

2. Küçük bir kapta kayısı, kuru üzüm, ceviz, zencefil ve kakuleyi karıştırın.

3. Domuzun ortasından diğer tarafından ½ inç mesafeye kadar uzunlamasına bir kesim yapın. Kelebeği aç. Domuzu iki kat plastik sargı arasına yerleştirin. Eti ⅓ inç kalınlığa kadar inceltmek için bir et çekiçinin düz tarafını kullanın. Düz bir dikdörtgen yapmak için ucu katlayın. Eti eşit kalınlıkta olacak şekilde hafifçe kızartın.

4. Kayısı karışımını etin üzerine yayın. Dar uçtan başlayarak domuz etini sarın. %100 pamuklu mutfak ipiyle önce ikiye, sonra 1 inç aralıklarla bağlayın. Kızartmayı tel ızgaranın üzerine yerleştirin.

5. Zeytinyağı ve Dijon usulü hardalı karıştırın; üstüne kavrulmuş fırça. Kızartmayı biber serpin. 45 ila 55 dakika

veya kızartma kayıtlarının merkezine anında okunan bir termometre yerleştirilene kadar 140 ° F kızartın. Çalışmadan önce 5 ila 10 dakika bekletin.

ÇITIR SARIMSAK YAĞI ILE BITKI KABUKLU DOMUZ BONFILE

HAZIRLIK:15 dakika kavurma: 30 dakika pişirme: 8 dakika bekleme: 5 dakika yapma: 6 porsiyon

⅓ su bardağı Dijon tarzı hardal (bkz.<u>yemek tarifi</u>)

¼ su bardağı kıyılmış taze maydanoz

2 yemek kaşığı kıyılmış taze kekik

1 yemek kaşığı kıyılmış taze biberiye

½ çay kaşığı karabiber

2 12 ons domuz filetosu

½ su bardağı zeytinyağı

¼ fincan kıyılmış taze sarımsak

¼ ila 1 çay kaşığı ezilmiş kırmızı biber

1. Fırını 450°F'ye ısıtın. Bir fırın tepsisini kağıtla kaplayın; fırın tepsisine bir tel ızgara yerleştirin.

2. Küçük bir kasede hardal, maydanoz, kekik, biberiye ve biberi macun kıvamına gelene kadar çırpın. Hardal baharat karışımını domuzun üstüne ve yanlarına yayın. Domuz etini kızartma tavasına aktarın. Kızartmayı fırına koyun; sıcaklığı 375°F'ye düşürün. 30 ila 35 dakika veya anında okunan bir termometre 140 ° F kızartma kayıtlarının yarısına girene kadar kızartın. Çalışmadan önce 5 ila 10 dakika bekletin.

3. Bu arada sarımsak yağı için zeytinyağı ve sarımsağı küçük bir sos tenceresinde karıştırın. Orta ateşte 8 ila 10 dakika veya sarımsak altın rengi kahverengi ve gevrek olana kadar pişirin (sarımsağın yanmasına izin vermeyin). Ateşten alın; ezilmiş kırmızı biberle karıştırın. domuz eti

kesmek; Servis yapmadan önce dilimlerin üzerine sarımsak yağı gezdirin.

HINDISTAN CEVIZI SOSLU HINT BAHARATLI DOMUZ ETI

BITIRMEK IÇIN BAŞLA:20 dakika yapar: 2 porsiyon

3 yemek kaşığı toz köri

2 yemek kaşığı tuzsuz garam masala

1 yemek kaşığı öğütülmüş kimyon

1 yemek kaşığı öğütülmüş kişniş

1 12 ons domuz filetosu

1 yemek kaşığı zeytinyağı

½ fincan doğal hindistan cevizi sütü (Nature's Way markası gibi)

¼ fincan kıyılmış taze kişniş

2 yemek kaşığı kıyılmış taze nane

1. Küçük bir kasede 2 yemek kaşığı köri tozu, garam masala, kimyon ve kişniş karıştırın. Domuzu ½ inç kalınlığında dilimler halinde kesin; otlar serpin. .

2. Zeytinyağını büyük bir tavada orta ateşte ısıtın. Domuz pirzolasını tavaya ekleyin; bir kez çevirerek 7 dakika pişirin. Domuzu tavadan çıkarın; sıcak tutmak için örtün. Sos için hindistan cevizi sütünü ve kalan 1 çay kaşığı köri tozunu tavaya ekleyin ve topak kalmaması için karıştırın. 2 ila 3 dakika pişirin. Kişniş ve nane ile karıştırın. Domuz eti ekleyin; tamamen ısınana kadar pişirin, sosu domuz eti üzerine kaşıklayın.

BAHARATLI ELMA VE KESTANE ILE DOMUZ SCALOPPINI

HAZIRLIK:20 dakika pişirme: 15 dakika yapma: 4 porsiyon

2 12 ons domuz filetosu

1 yemek kaşığı soğan tozu

1 yemek kaşığı sarımsak tozu

½ çay kaşığı karabiber

2 ila 4 yemek kaşığı zeytinyağı

2 Fuji veya Pink Lady elması, soyulmuş, özlü ve doğranmış

¼ fincan ince kıyılmış arpacık

¾ çay kaşığı öğütülmüş tarçın

⅛ çay kaşığı öğütülmüş tahıllar

⅛ çay kaşığı hindistan cevizi

½ su bardağı tavuk kemiği suyu (bkz.<u>yemek tarifi</u>) veya tuzsuz tavuk suyu

2 yemek kaşığı taze limon

½ su bardağı kavrulmuş kestane, beyazlatılmış, kıyılmış* veya kıyılmış ceviz

1 yemek kaşığı kıyılmış taze adaçayı

1. Bonfileyi çapraz olarak ½ cm kalınlığında dilimler halinde kesin. Domuz dilimlerini iki plastik sargı arasına yerleştirin. Bir et tokmağının düz tarafı ile ince olana kadar dövün. Dilimleri soğan tozu, sarımsak tozu ve karabiber serpin.

2. Büyük bir tavada 2 yemek kaşığı zeytinyağını orta ateşte ısıtın. Domuz etini gruplar halinde 3-4 dakika pişirin, bir kez çevirin ve gerekirse daha fazla yağ ekleyin. Domuzu bir tabağa aktarın; örtün ve ısıtın.

3. Isıyı orta yüksekliğe yükseltin. Elma, arpacık, tarçın, karanfil ve hindistan cevizi ekleyin. Kaynatın ve 3 dakika karıştırın. Tavuk kemik suyu ve limon suyunu karıştırın.

Örtün ve 5 dakika pişirin. Ateşten alın; kestane ve adaçayı ilave edin. Elma karışımını domuzun üzerine servis edin.

*Not: Kestaneleri kızartmak için fırını 400°F'ye ısıtın. Kestane kabuğunun bir tarafında bir X kesin. Bu, pişirme sırasında kabuğu serbest bırakacaktır. Kestaneleri bir fırın tepsisine koyun ve 30 dakika ya da kabukları cevizden ayrılana ve ceviz yumuşayana kadar kavurun. Kavrulan kestaneleri temiz bir beze sarın. Sarı-beyaz cevizin kabuklarını ve derisini soyun.

KIZARMIŞ DOMUZ FAJITA

2 inçlik şeritler halinde kesilmiş 1 pound domuz filetosu

3 yemek kaşığı tuzsuz fajita baharatı veya Meksika baharatı (bkz.<u>yemek tarifi</u>)

2 yemek kaşığı zeytinyağı

1 küçük soğan, ince dilimlenmiş

½ kırmızı biber, çekirdekli ve ince dilimlenmiş

½ portakal biberi, çekirdekli ve ince dilimlenmiş

1 jalapeño, saplı ve ince dilimlenmiş (bkz.<u>uç</u>) (isteğe bağlı)

½ çay kaşığı kimyon tohumu

1 su bardağı ince dilimlenmiş taze mantar

3 yemek kaşığı taze limon

½ su bardağı kıyılmış taze kişniş

1 avokado, soyulmuş, soyulmuş ve doğranmış

Seçtiğiniz salsa (bkz.<u>tarifler</u>)

1. Domuz eti üzerine 2 yemek kaşığı fajita çeşnisi serpin. Büyük bir tavada, 1 yemek kaşığı yağı orta ateşte ısıtın. Domuzun yarısını ekleyin; pişirin ve yaklaşık 5 dakika veya artık pembeleşene kadar karıştırın. Eti bir kaseye koyun ve sıcak kalması için üzerini örtün. Kalan yağ ve domuz eti ile tekrarlayın.

2. Isıyı ortama çevirin. Kalan 1 çorba kaşığı fajita çeşnisini, soğanı, biberi, jalapeno biberini ve kimyonu ekleyin. Yaklaşık 10 dakika veya sebzeler yumuşayana kadar pişirin ve karıştırın. Eti ve birikmiş suyu tavaya geri koyun. Mantarları ve limon suyunu ilave edip karıştırın. Isınana kadar pişirin. Tavayı ocaktan alın; kişnişi karıştırın. Seçtiğiniz avokado ve salsa ile servis yapın.

PORT VE ARAN ILE DOMUZ BONFILE

HAZIRLIK:10 dakika sigara içme: 12 dakika ayakta: 5 dakika yapma: 4 porsiyon

LIMAN MÜSTAHKEM BIR ŞARAPTIR,YANI FERMANTASYON SÜRECINI DURDURMAK IÇIN BRENDI BENZERI BIR RUH EKLENMIŞTIR. SONUÇ OLARAK, KIRMIZI SOFRA ŞARABINDAN DAHA FAZLA ARTIK ŞEKER IÇERIR VE BU NEDENLE DAHA TATLI BIR TADA SAHIPTIR. HER GÜN IÇMEK ISTEYECEĞIN BIR ŞEY DEĞIL AMA ARA SIRA BIRAZ DEMLEMEK SORUN DEĞIL.

2 12 ons domuz filetosu

2 ½ çay kaşığı öğütülmüş kişniş

¼ çay kaşığı karabiber

2 yemek kaşığı zeytinyağı

1 arpacık soğan, dilimlenmiş

Yarım bardak porto şarabı

½ su bardağı tavuk kemiği suyu (bkz.yemek tarifi) veya tuzsuz tavuk suyu

20 deliksiz kuru erik

½ çay kaşığı öğütülmüş kırmızı biber

2 yemek kaşığı kıyılmış taze tarhun

1. Fırını 400°F'ye ısıtın. Domuz eti 2 yemek kaşığı kişniş ve karabiber serpin.

2. Zeytinyağını büyük bir fırın tepsisinde orta ateşte ısıtın. Bonfile tavaya ekleyin. Kızarana ve her tarafı eşit şekilde kızarana kadar yaklaşık 8 dakika pişirin. Tavayı fırına koyun. Kapağı açık olarak yaklaşık 12 dakika veya anında okunan bir termometre 140°F'lik kızartma kayıtlarının yarısına girene kadar kızartın. Domuz filetolarını bir kesme tahtası üzerine yerleştirin. Alüminyum folyo ile örtün ve 5 dakika bekletin.

3. Bu sırada sos için tavadaki yağı 1 yemek kaşığı ayırarak
süzün. Arpacık soğanlarını tavada ayrılmış damlacıklarda
orta ateşte 3 dakika veya kızarana ve yumuşayana kadar
pişirin. Bağlantı noktasını tavaya ekleyin. Kızarmış
parçaları çıkarmak için karıştırarak kaynatın. Tavuk
kemik suyu, kuru erik, ezilmiş kırmızı biber ve kalan 1/2
çay kaşığı kişniş ekleyin. Yaklaşık 1 ila 2 dakika hafifçe
azaltmak için orta ateşte pişirin. Tarhun ilave edin.

4. Domuzu dilimleyin ve kuru erik ve sosla servis edin.

HIZLI SEBZE TURŞUSU ILE MARUL KAPLARINDA MOO SHU TARZI DOMUZ ETI

BITIRMEK IÇIN BAŞLA:45 dakika yapar: 4 porsiyon

GELENEKSEL BIR MOO SHU YEMEĞI YEDIYSENIZBIR ÇIN RESTORANINDA, TATLI ERIK VEYA KURU ÜZÜM SOSUYLA INCE KREPLERDE YENEN ET VE SEBZELERIN LEZZETLI BIR DOLGUSU OLDUĞUNU BILIRSINIZ. BU DAHA HAFIF, DAHA TAZE PALEO VERSIYONUNDA ZENCEFIL VE SARIMSAKTA KIZARTILMIŞ DOMUZ ETI, NAPA LAHANASI VE SHIITAKE MANTARLARI BULUNUR VE ÇITIR TURŞU SEBZELERI ILE MARUL SARGILARINDA SERVIS EDILIR.

TURŞULUK SEBZELER

1 su bardağı jülyen doğranmış havuç

1 su bardağı julienned daikon turp

¼ bardak doğranmış kırmızı soğan

1 su bardağı şekersiz elma suyu

½ su bardağı elma sirkesi

DOMUZ

2 yemek kaşığı zeytinyağı veya rafine hindistan cevizi yağı

3 yumurta, hafifçe çırpılmış

8 ons domuz bonfile, 2 × ½ inçlik şeritler halinde kesin

2 yemek kaşığı taze zencefil, kıyılmış

4 diş sarımsak, ince kıyılmış

2 su bardağı kıyılmış Çin lahanası

1 su bardağı ince dilimlenmiş şitaki mantarı

¼ fincan ince dilimler halinde dilimleyin

8 Boston marul yaprağı

1. Hızlı sebze turşusu yapmak için havuç, daikon ve soğanı
   geniş bir kapta birleştirin. Salamura için: elma suyunu ve
   sirkeyi bir tencerede buhar çıkana kadar ısıtın. Tuzlu suyu
   kasedeki sebzelerin üzerine dökün; Servis yapmaya hazır
   olana kadar örtün ve soğutun.

2. Büyük bir tavada 1 yemek kaşığı yağı orta ateşte ısıtın.
   Yumurtaları çırpma teli ile çırpın. Yumurtaları tavaya
   ekleyin; karıştırmadan dibe çökene kadar yaklaşık 3
   dakika pişirin. Yumurtayı esnek bir spatula ile hafifçe
   çevirin ve diğer tarafını da kızartın. Hamuru tavadan bir
   tabağa kaydırın.

3. Tavayı tekrar ateşe verin; kalan 1 yemek kaşığı yağı ekleyin.
   Domuz şeritlerini, zencefili ve sarımsağı ekleyin. Orta
   ateşte yaklaşık 4 dakika veya domuz eti artık
   pembeleşene kadar pişirin ve karıştırın. Lahana ve mantar
   ekleyin; yaklaşık 4 dakika veya lahana soluncaya,
   mantarlar yumuşayana ve domuz eti tamamen pişene
   kadar pişirin ve karıştırın. Tavayı ocaktan alın. Haşlanmış
   yumurtayı şeritler halinde kesin. Yumurta sarısını ve
   yumurta sarısını domuz eti karışımına yavaşça karıştırın.
   Marul yaprakları üzerinde servis yapın ve üzerine
   salamura edilmiş sebzeler ekleyin.

MACADAMIAS, ADAÇAYI, INCIR VE PATATES PÜRESI ILE DOMUZ PIRZOLASI

HAZIRLIK:15 dakika pişirme: 25 dakika yapma: 4 porsiyon

PATATES PÜRESI ILE BIRLIKTE,BU SULU ADAÇAYI BIFTEĞI MÜKEMMEL BIR SONBAHAR YEMEĞIDIR VE HIZLI HAZIRLANIR, YOĞUN BIR HAFTA IÇI GECESI IÇIN MÜKEMMELDIR.

4 adet kemiksiz domuz filetosu, 3,5 cm kalınlığında kesilmiş

3 yemek kaşığı kıyılmış taze adaçayı

¼ çay kaşığı karabiber

3 yemek kaşığı macadamia fındık yağı

2 pound tatlı patates, soyulmuş ve 1 inçlik parçalar halinde kesilmiş

¾ su bardağı kıyılmış macadamia fıstığı

½ su bardağı doğranmış kuru incir

⅓ su bardağı Sığır Kemik Suyu (bkz.<u>yemek tarifi</u>) veya tuzsuz et suyu

1 yemek kaşığı taze limon

1. Bifteğin her iki tarafına 2 yemek kaşığı adaçayı ve karabiber serpin; parmaklarınızla ovun. Büyük bir tavada, 2 yemek kaşığı yağı orta ateşte ısıtın. Tavaya biftek ekleyin; 15 ila 20 dakika veya yumuşayana kadar (145°F) pişirin, pişirmenin ortasında bir kez çevirin. Biftekleri bir tabağa aktarın; sıcak tutmak için örtün.

2. Bu sırada büyük bir tencerede tatlı patatesleri ve üzerini kapatacak kadar suyu birleştirin. kaynatın; ısıyı azaltmak Örtün ve 10 ila 15 dakika veya patatesler yumuşayana kadar pişirin. Patatesleri boşaltın. Kalan yemek kaşığı macadamia yağını patateslere ekleyin ve krema kıvamına gelene kadar ezin; sıcak kalmak

3. Sos için macadamia fıstıklarını tavaya ekleyin; kızarana kadar orta ateşte pişirin. Kuru incir ve kalan 1 yemek kaşığı adaçayı ekleyin; 30 saniye kaynatın. Tavaya dana kemik suyu ve limon suyunu ekleyin ve kızaran parçaları gidermek için karıştırın. Sosu bifteklerin üzerine gezdirin ve patates püresi ile servis edin.

TAVADA KAVRULMUŞ BIBERIYE VE LAVANTA DOMUZ PIRZOLASI, ÜZÜM VE KAVRULMUŞ CEVIZ ILE

HAZIRLIK:10 dakika pişirme: 6 dakika kızartma: 25 dakika yapma: 4 porsiyon

ÜZÜMLER BIFTEKLE BIRLIKTE KAVRULUR.TATLARINI VE TATLILIKLARINI GELIŞTIRIR. ÇITIR ÇITIR KAVRULMUŞ CEVIZLER VE TAZE BIBERIYE SERPIŞTIRILMESIYLE BIRLIKTE, BU LEZZETLI BIFTEKLER IÇIN LEZZETLI BIR SOS OLUŞTURURLAR.

2 yemek kaşığı kıyılmış taze biberiye

1 yemek kaşığı kıyılmış taze lavanta

½ çay kaşığı sarımsak tozu

½ çay kaşığı karabiber

1¼ inç kalınlığında dilimlenmiş 4 domuz filetosu biftek (yaklaşık 3 pound)

1 yemek kaşığı zeytinyağı

1 büyük arpacık, ince dilimlenmiş

1½ su bardağı çekirdeksiz kırmızı ve/veya yeşil üzüm

½ bardak sek beyaz şarap

¾ su bardağı kıyılmış ceviz

Taze biberiye, doğranmış

1. Fırını 375°F'ye ısıtın. Küçük bir kapta 2 yemek kaşığı biberiye, lavanta, sarımsak tozu ve karabiberi birleştirin. Baharat karışımını bifteklerin üzerine eşit şekilde sürün. Zeytinyağını büyük bir tavada orta ateşte ısıtın. Tavaya biftek ekleyin; 6 ila 8 dakika veya her iki tarafta kızarana kadar pişirin. Biftekleri bir tabağa aktarın; kağıtla kaplamak

2. Arpacık soğanlarını tavaya ekleyin. Orta ateşte 1 dakika karıştırarak pişirin. Üzüm ve şarap ekleyin. Kızarmış

parçaları çıkarmak için karıştırarak 2 dakika daha pişirin. Bifteği tavaya geri koyun. Tavayı fırına koyun; 25 ila 30 dakika veya biftekler tamamen pişene kadar (145°F) kızartın.

3. Bu arada cevizleri sığ bir tavaya yayın. Bifteklerle birlikte fırına verin. Yaklaşık 8 dakika veya kızarana kadar kızartın, eşit kızartma için bir kez karıştırın.

4. Servis için bifteği üzüm ve kavrulmuş ceviz serpin. Ekstra taze biberiye serpin.

KIZARMIŞ BROKOLI ILE IZGARA DOMUZ PIRZOLASI ALLA FIORENTINA

HAZIRLIK:20 dakika ızgarada: 20 dakika marine etme: 3 dakika yapım: 4 porsiyon<u>FOTOĞRAF</u>

"ALLA FIORENTINA"TEMELDE 'FLORANSA TARZI' ANLAMINA GELIR. BU TARIF BISTECCA ALLA FIORENTINA TARZINDA, ODUN ATEŞINDE EN BASIT TATLARLA IZGARA EDILEN BIR TOSKANA T-BONE'U - GENELLIKLE SADECE ZEYTINYAĞI, TUZ, KARABIBER VE BITIRMEK IÇIN TAZE LIMON SIKMAK.

1 pound brokoli rabe

1 yemek kaşığı zeytinyağı

4 6- ila 8 ons kemikli sığır filetosu biftek, 1½ ila 2 inç kalınlığında

İri öğütülmüş karabiber

1 limon

4 diş sarımsak, ince dilimlenmiş

2 yemek kaşığı kıyılmış taze biberiye

6 taze adaçayı yaprağı, doğranmış

1 çay kaşığı ezilmiş kırmızı biber gevreği (veya tadı)

½ su bardağı zeytinyağı

1. Büyük bir tencerede brokoliyi kaynar suda 1 dakika haşlayın. Hemen bir kase buzlu suya aktarın. Brokoliyi kağıt havluyla kaplı bir fırın tepsisine boşaltın ve ilave kağıt havlularla mümkün olduğunca kurulayın. Pişirme kağıdını fırın tepsisinden çıkarın. Brokoliyi 1 çorba kaşığı zeytinyağı ile kaplayın; ızgara yapmaya hazır olana kadar bırakın.

2. Bifteğin her iki tarafına iri taneli biber serpin; bir kenara bırakmak Bir sebze soyucu kullanarak limonun kabuklarını soyun (limonu başka bir kullanım için ayırın).

60

Geniş bir tabağa limon kabuğu rendesi, diş sarımsak, biberiye, adaçayı ve ezilmiş kırmızı biberi koyun; bir kenara bırakmak

3. Kömürlü bir ızgara yapmak için, sıcak kömürlerin çoğunu ızgaranın bir tarafına taşıyın ve birazını ızgaranın diğer tarafında bırakın. Biftekleri doğrudan sıcak kömürlerin üzerinde 2 ila 3 dakika veya kahverengi bir kabuk oluşana kadar pişirin. Biftek çevirin ve diğer tarafını 2 dakika pişirin. Biftekleri ızgaranın diğer tarafına taşıyın. Örtün ve 10 ila 15 dakika veya tamamen pişene kadar (145°F) ızgara yapın. (Gazlı ızgara için ızgarayı önceden ısıtın; ızgaranın bir tarafındaki ısıyı orta seviyeye düşürün. Biftekleri yukarıda belirtildiği gibi yüksek ısıda kızartın. Izgarayı orta seviyeye getirin; yukarıda anlatıldığı gibi ilerleyin).

4. Biftekleri tabağa koyun. Biftekleri her iki tarafını da kaplayacak şekilde ½ su bardağı zeytinyağı ile gezdirin. Bifteklerin servis yapmadan önce 3 ila 5 dakika marine olmasına izin verin, bir veya iki kez çevirerek ete limon, sarımsak ve otların aromasını verin.

5. Biftekler dinlenirken brokoli rabesini kızartıp hafiflemesi için ızgara yapın. Brokoli rabesini tabağa yerleştirin; Servis yapmadan önce her bifteğin ve brokolinin üzerine turşunun bir kısmını kaşıklayın.

FIRINLANMIŞ DOMUZ PIRZOLASI

HAZIRLIK:20 dakika pişirme: 9 dakika yapma: 4 porsiyon

ESCAROLE YEŞIL SALATA OLARAK YENEBILIRVEYA HIZLI BIR GARNITÜR IÇIN ZEYTINYAĞINDA SARIMSAKLA HAFIFÇE SOTELEYIN. BURADA ZEYTINYAĞI, SARIMSAK, KARABIBER, EZILMIŞ KIRMIZI BIBER VE LIMONLA BIRLEŞTIĞINDE, SULU TAVADA KIZARTILMIŞ BIFTEKLER IÇIN HARIKA BIR PARLAK YEŞIL DOLGU YAPAR.

4 6 ila 8 ons kemikli domuz pirzolası, ¾ inç kalınlığında kesilmiş

Yarım orta boy hindiba, ince kıyılmış

4 yemek kaşığı zeytinyağı

1 yemek kaşığı taze limon

¼ çay kaşığı karabiber

¼ çay kaşığı kırmızı biber

2 büyük diş sarımsak, kıyılmış

Zeytin yağı

1 yemek kaşığı kıyılmış taze adaçayı

¼ çay kaşığı karabiber

⅓ fincan sek beyaz şarap

1. Bir bıçak kullanarak her bifteğin kıvrımlı tarafında 2 inç (5 cm) genişliğinde derin bir cep kesin; bir kenara bırakmak

2. Büyük bir kapta hindiba, 2 yemek kaşığı zeytinyağı, limon suyu, ¼ çay kaşığı karabiber, ezilmiş kırmızı biber ve sarımsağı karıştırın. Her pirzola karışımın dörtte biri ile doldurun. Biftekleri zeytinyağı ile fırçalayın. Adaçayı ve ¼ çay kaşığı karabiber serpin.

3. Büyük bir tavada kalan 2 yemek kaşığı zeytinyağını orta ateşte ısıtın. Domuzun her iki tarafını da altın sarısı renk

alana kadar 4 dakika kızartın. Biftekleri bir tabağa koyun. Şarabı tavaya ekleyin ve kızartılmış parçaları alın. Tava sularını 1 dakika azaltın.

4. Servis yapmadan önce biftekleri tava suyuyla yağlayın.

DIJON CEVIZLI KABUKLU DOMUZ PIRZOLASI

HAZIRLIK:15 dakika pişirme: 6 dakika pişirme: 3 dakika yapma: 4 porsiyon<u>FOTOĞRAF</u>

HARDALLI VE FINDIKLI BU BIFTEKLERYAPMASI DAHA KOLAY OLAMAZDI VE LEZZET GETIRISI, ÇABADAN ÇOK DAHA AĞIR BASAR. KAVRULMUŞ TARÇINLI KABAK ILE DENEYIN (BKZ.<u>YEMEK TARIFI</u>), NEOKLASIK WALDORF SALATASI (BKZ.<u>YEMEK TARIFI</u>) VEYA BRÜKSEL LAHANASI VE ELMA SALATASI (BKZ.<u>YEMEK TARIFI</u>).

⅓ su bardağı ceviz, doğranmış, kızartılmış (bkz.<u>uç</u>)

1 yemek kaşığı kıyılmış taze adaçayı

3 yemek kaşığı zeytinyağı

4 kemikli domuz pirzolası, ikiye bölünmüş, yaklaşık bir inç kalınlığında (toplamda yaklaşık 2 pound)

½ çay kaşığı karabiber

2 yemek kaşığı zeytinyağı

3 yemek kaşığı Dijon usulü hardal (bkz.<u>yemek tarifi</u>)

1. Fırını 400°F'ye ısıtın. Küçük bir kasede cevizleri, adaçayı ve 1 yemek kaşığı zeytinyağını birleştirin.

2. Domuz pirzolalarını karabiber serpin. Fırına dayanıklı büyük bir tavada kalan 2 yemek kaşığı zeytinyağını yüksek ateşte ısıtın. Biftekleri ekleyin; yaklaşık 6 dakika veya her iki tarafı da kızarana kadar bir kez çevirerek pişirin. Tavayı ocaktan alın. Bifteklerin üzerine Dijon hardalı sürün; Cevizli karışımın üzerine serpin ve hardalın üzerine hafifçe vurun.

3. Tavayı fırına koyun. 3 ila 4 dakika veya biftekler tamamen pişene kadar (145°F) pişirin.

BÖĞÜRTLEN ISPANAK SALATASI ILE CEVIZ KABUKLU DOMUZ ETI

DOMUZ ETI TATLI BIR TADA SAHIPTIRHANGI MEYVE ILE IYI BIRLEŞIR. OLAĞAN ŞÜPHELILER, ELMA VE ARMUT GIBI SONBAHAR MEYVELERI VEYA ŞEFTALI, ERIK VE KAYISI GIBI TELLI MEYVELER OLSA DA, DOMUZ ETI, ŞARABIN EKŞI-TATLI TADINA SAHIP OLAN BÖĞÜRTLEN ILE DE LEZZETLIDIR.

1⅔ su bardağı böğürtlen

1 yemek kaşığı artı 1½ yemek kaşığı su

3 yemek kaşığı ceviz yağı

1 yemek kaşığı artı 1 ½ çay kaşığı beyaz şarap sirkesi

2 yumurta

¾ su bardağı badem unu

⅓ su bardağı ince kıyılmış ceviz

1 yemek kaşığı artı 1 ½ çay kaşığı Akdeniz otları (bkz.<u>yemek tarifi</u>)

4 kemiksiz domuz pirzolası veya domuz pirzolası (toplam 1 ila 1½ pound)

6 su bardağı taze ıspanak yaprağı

½ fincan yırtık taze fesleğen yaprağı

½ bardak doğranmış kırmızı soğan

½ su bardağı kıyılmış ceviz, kavrulmuş (bkz.<u>uç</u>)

¼ fincan rafine hindistan cevizi yağı

1. Böğürtlen sosu için küçük bir tencerede 1 su bardağı böğürtlen ve suyu karıştırın. kaynatın; ısıyı azaltmak Kapalı, 4 ila 5 dakika veya meyveler yumuşayana ve parlak bir kumral rengine gelene kadar ara sıra karıştırarak pişirin. Ateşten alın; biraz soğu. Süzülmemiş böğürtlenleri bir blender veya mutfak robotuna dökün; örtün ve pürüzsüz olana kadar karıştırın veya işleyin. Bir

kaşığın arkasını kullanarak püre haline getirilmiş
meyveleri ince gözenekli bir elekten geçirin; tohumları ve
katıları atın. Orta boy bir kapta süzülmüş meyveleri, ceviz
yağını ve sirkcyi çırpın; bir kenara bırakmak

2. Büyük bir fırın tepsisine parşömen kağıdı serin; bir kenara
   bırakmak Derin bir tabakta yumurtaları çatalla çırpın.
   Başka bir sığ tabakta badem unu, ⅓ su bardağı kıyılmış
   ceviz ve Akdeniz baharatını birleştirin. Domuz
   pirzolalarını birer birer yumurtalara ve ardından ceviz
   karışımına batırın ve eşit şekilde çevirin. Kaplanmış
   domuz pirzolalarını hazırlanan fırın tepsisine yerleştirin;
   bir kenara bırakmak

3. Ispanağı ve fesleğeni geniş bir kapta birleştirin. Yeşillikleri
   dört servis kasesine paylaştırın ve tabağın bir kenarına
   yerleştirin. Kalan ⅔ su bardağı çilek, kırmızı soğan ve ½
   su bardağı kavrulmuş ceviz ile süsleyin. Böğürtlen sirkesi
   ile gezdirin.

4. Hindistan cevizi yağını büyük bir tavada orta ateşte ısıtın.
   Tavaya domuz pirzolası ekleyin; yaklaşık 4 dakika veya
   tamamen pişene kadar (145°F) bir kez çevirerek pişirin.
   Salata tabaklarına domuz pirzolası ekleyin.

TATLI VE EKŞI KIRMIZI LAHANA ILE DOMUZ YAĞI

HAZIRLIK:20 dakika pişirme: 45 dakika yapma: 4 porsiyon

YILDA"PALEO İLKELERI"BU KITABIN BIR KISMI,BADEM UNU (BADEM UNU OLARAK DA ADLANDIRILIR), BADEM UNU DOĞASI GEREĞI KÖTÜ OLDUĞU IÇIN DEĞIL, GENELLIKLE KEK, KEK, KURABIYE VB. BENZERLERINI YAPMAK IÇIN KULLANILDIĞI IÇIN PALEO OLMAYAN BIR BILEŞEN OLARAK LISTELENIR. PALEO DIYETI®. BURADA OLDUĞU GIBI INCE BIR DOMUZ ROSTOSU VEYA KÜMES HAYVANI TARAĞI ÜZERINE KAPLAMA OLARAK IDARELI KULLANMAK SORUN DEĞIL.

LAHANA

2 yemek kaşığı zeytinyağı

1 bardak doğranmış kırmızı soğan

6 su bardağı ince kıyılmış kırmızı lahana (yaklaşık yarım yemek kaşığı)

2 Granny Smith elma, soyulmuş, özlü ve dilimlenmiş

¾ su bardağı taze portakal suyu

3 yemek kaşığı elma sirkesi

½ çay kaşığı kimyon tohumu

½ çay kaşığı kereviz tohumu

½ çay kaşığı karabiber

DOMUZ

4 adet kemiksiz domuz pirzolası, ½ inç kalınlığında kesilmiş

2 su bardağı badem unu

1 yemek kaşığı kurutulmuş limon kabuğu

2 çay kaşığı karabiber

¾ çay kaşığı öğütülmüş pizzacı

1 büyük yumurta

¼ fincan badem sütü

3 yemek kaşığı zeytinyağı

Limon dilimleri

1. Tatlı ve ekşi lahanayı Hollandalı bir fırında 6 litre zeytinyağında orta-yüksek ateşte yapmak için. Soğanı ekleyin; 6 ila 8 dakika veya yumuşayana ve hafifçe kızarana kadar pişirin. Lahanayı ekleyin; 6 ila 8 dakika veya lahana gevrekleşinceye kadar pişirin ve karıştırın. Elmaları, portakal suyunu, sirkeyi, kimyonu, kerevizi ve yarım çay kaşığı biberi ekleyin. kaynatın; sıcaklığı azalt Örtün ve ara sıra karıştırarak 30 dakika pişirin. Örtün ve sıvı biraz azalana kadar pişirin.

2. Bu arada, domuz pirzolası için iki yaprak streç film veya yağlı kağıt arasına yerleştirin. Bir et tokmağının veya merdanenin düz tarafıyla ¼ inç kalınlığa kadar açın; bir kenara bırakmak

3. Küçük bir kapta badem unu, kuru limon kabuğu rendesi, 2 çay kaşığı biber ve kırmızı biberi karıştırın. Başka bir sığ kapta, yumurta ve badem sütünü birlikte çırpın. Domuz pirzolalarını terbiyeli unla hafifçe kaplayın ve fazlalığı silkeleyin. Yumurta karışımına katlayın, ardından tekrar terbiyeli unun içine katlayın ve fazlalığı silkeleyin. Kalan bifteklerle tekrarlayın.

4. Zeytinyağını büyük bir tavada orta ateşte ısıtın. Tavaya 2 şnitzel ekleyin. 6 ila 8 dakika veya biftekler altın rengi kahverengi olana ve tamamen pişene kadar bir kez çevirerek pişirin. Biftekleri sıcak bir tabağa aktarın. Kalan 2 şnitzel ile tekrarlayın.

5. Biftekleri lahana ve limon dilimleri ile servis edin.

FÜME BEBEK SIRT KABURGALARI, ELMA HARDALLI PASPAS SOS ILE

YUMUŞATMAK:1 saat ayakta: 15 dakika sigara: 4 saat pişirme: 20 dakika yapım: 4 porsiyon<u>FOTOĞRAF</u>

ZENGIN LEZZET VE ETLI DOKUTÜTSÜLENMIŞ KABURGALAR, TAZE VE ÇITIR ÇITIR BIR ŞEYLER ISTER. HEMEN HEMEN HER LAHANA SALATASI IŞE YARAR, ANCAK REZENE SALATASI (BKZ.<u>YEMEK TARIFI</u>VE RESIMDE<u>BURADA</u>), ÖZELLIKLE IYIDIR.

KABURGALAR

8 ila 10 adet elma veya ceviz ağacı

3 ila 3 ½ pound domuz fileto bebek sırt kaburga

¼ fincan tütsülenmiş baharat (bkz.<u>yemek tarifi</u>)

SOS

1 orta pişmiş elma, soyulmuş, özlü ve ince dilimlenmiş

¼ bardak doğranmış soğan

¼ bardak su

¼ fincan elma sirkesi

2 yemek kaşığı Dijon usulü hardal (bkz.<u>yemek tarifi</u>)

2 ila 3 yemek kaşığı su

1. Sigara içmeden önce kütükleri en az bir saat suda bekletecek kadar suya koyun. Kullanmadan önce boşaltın. Kaburgalardaki görünür yağları kesin. Gerekirse, kaburgaların arkasındaki ince zarı çıkarın. Kaburgaları geniş bir sığ tavaya yerleştirin. Dumanlı Baharat ile eşit olarak serpin; parmaklarınızla ovun. 15 dakika oda sıcaklığında bırakın.

2. Önceden ısıtılmış kömürleri, süzülmüş kütükleri ve bir tas suyu üreticinin talimatlarına göre bir tütsülüğe yerleştirin. Suyu tavaya dökün. Kaburga kemiği tarafı

aşağı gelecek şekilde su kabının üzerindeki ızgaraya yerleştirin. (Veya kaburgaları ızgaraya koyun; kaburgaları ızgaraya yerleştirin.) Üzerini örtün ve 2 saat kızartın. Kavurma sırasında, yaklaşık 225°F'lik bir kavurma sıcaklığını koruyun. Sıcaklık ve nemi korumak için gerektiği kadar ilave kömür ve su ekleyin.

3. Bu sırada mop sosu için elma dilimlerini, soğanı ve ¼ su bardağı suyu küçük bir tencerede birleştirin. kaynatın; ısıyı azaltmak Ara sıra karıştırarak 10 ila 12 dakika veya elma dilimleri çok yumuşayana kadar üstü kapalı olarak pişirin. hafifçe soğutun; süzülmemiş elma ve soğanı bir mutfak robotu veya karıştırıcıya aktarın. Örtün ve pürüzsüz olana kadar işleyin veya karıştırın. Püreyi tavaya geri koyun. Sirke ve Dijon tarzı hardalı karıştırın. Ara sıra karıştırarak orta ateşte 5 dakika pişirin. Sosa vinaigrette kıvamı vermek için 2-3 yemek kaşığı su (veya gerekirse daha fazla) ekleyin. Sosu üçe bölün.

4. 2 saat sonra, pirzolaları paspas sosunun üçte biri ile cömertçe fırçalayın. Üzerini kapatıp 1 saat daha mayalandırın. Paspas sosunun üçte biri ile tekrar fırçalayın. Her nervür dilimini ağır folyoya sarın ve kaburgaları tekrar sigara içicisine yerleştirin, gerekirse katmanlayın. Üzerini örtün ve bir buçuk saat daha veya kaburgalar yumuşayana kadar kavurun.*

5. Kaburgaları kaseden çıkarın ve sosun kalan üçte birini paspaslayın. Hizmet etmek için kaburgaları kemiklerin arasından kesin.

*İpucu: Yedek kaburgaların hassasiyetini test etmek için, folyoyu bir kaburga diliminden dikkatlice çıkarın. Nervür plakasını pense ile alın ve plakayı üst çeyreği ile tutun. Kaburga plakasını etli tarafı aşağı bakacak şekilde çevirin. Kaburgalar yumuşaksa, filetoyu aldığınızda kırılmalıdır. Yumuşak değilse, tekrar folyoya sarın ve kaburgaları bitene kadar kavurmaya devam edin.

TAZE ANANAS MARUL ILE FIRINDA BARBEKÜ KIRSAL DOMUZ KABURGA

HAZIRLIK:20 dakika pişirme: 8 dakika pişirme: 1 saat 15 dakika yapma: 4 porsiyon

COUNTRY TARZI DOMUZ KABURGALARI ETLI,UCUZ VE DOĞRU ŞEKILDE IŞLENDIĞINDE - BIR BARBEKÜ SOSU KARMAŞASINDA OLDUĞU GIBI DÜŞÜK VE YAVAŞ PIŞIRILDIĞINDE - YUMUŞACIK ERIR.

2 pound country tarzı kemiksiz domuz kaburga

¼ çay kaşığı karabiber

1 yemek kaşığı rafine hindistan cevizi yağı

½ su bardağı taze portakal suyu

1½ su bardağı barbekü sosu (bkz.yemek tarifi)

3 su bardağı rendelenmiş yeşil ve/veya kırmızı lahana

1 su bardağı rendelenmiş havuç

2 su bardağı doğranmış ananas

⅓ fincan Parlak Narenciye Sirkesi Sirkesi (bkz.yemek tarifi)

Barbekü sosu (bkz.yemek tarifi) (isteğe bağlı)

1. Fırını 350°F'ye ısıtın. Domuz eti biber serpin. Hindistan cevizi yağını büyük bir tavada orta ateşte ısıtın. Domuz kaburga ekleyin; 8 ila 10 dakika veya kızarana ve eşit şekilde kızarana kadar pişirin. Kaburgaları 3 litrelik dikdörtgen bir tencereye yerleştirin.

2. Sos için portakal suyunu tavaya ekleyin ve kızaran parçaları gidermek için karıştırın. 1½ su bardağı barbekü sosuyla karıştırın. Sosu kaburgaların üzerine dökün. Kaburgaları sosla kaplayın (gerekirse sosu yumuşatmak için bir pasta fırçası kullanın). Fırın tepsisini alüminyum folyo ile kaplayın.

3. Kaburgaları 1 saat pişirin. Folyoyu çıkarın ve kaburgaları
   fırın tepsisinden sosla fırçalayın. Yaklaşık 15 dakika daha
   veya kaburgalar yumuşayana ve kızarana ve sos biraz
   kalınlaşana kadar pişirin.

4. Bu arada ananas salatası için lahana, havuç, ananas ve
   parlak turunçgil salatasını karıştırın. O zamana kadar
   örtün ve soğutun.

5. İstenirse yedek kaburgaları lahana salatası ve barbekü sosu
   ile servis edin.

BAHARATLI DOMUZ GULAŞ

BU MACAR USULÜ GÜVEÇ SERVIS EDILIR.TEK BIR TABAK
GEVREK, ZAR ZOR SOLMUŞ LAHANA. VARSA KIMYON
TOHUMLARINI BIR HAVANDA DÖVÜN. DEĞILSE, BIÇAĞI
YUMRUĞUNUZLA HAFIFÇE BASTIRARAK BIR ŞEF BIÇAĞININ
GENIŞ TARAFININ ALTINA BASTIRIN.

GULAŞ

1 ½ kilo kıyma

2 su bardağı doğranmış kırmızı, turuncu ve/veya sarı dolmalık biber

¾ fincan ince kıyılmış kırmızı soğan

1 küçük taze kırmızı biber, çekirdekleri çıkarılmış ve ince doğranmış (bkz.uç)

4 yemek kaşığı tütsülenmiş baharat (bkz.yemek tarifi)

1 çay kaşığı kimyon tohumu, kıyılmış

¼ çay kaşığı öğütülmüş mercanköşk veya kekik

1 14 ons tuzsuz, süzülmemiş doğranmış domates

2 yemek kaşığı kırmızı şarap sirkesi

1 yemek kaşığı ince rendelenmiş limon kabuğu

⅓ su bardağı kıyılmış taze maydanoz

LAHANA

2 yemek kaşığı zeytinyağı

1 orta boy soğan, dilimlenmiş

1 küçük baş yeşil veya kırmızı lahana, çekirdekleri çıkarılmış ve ince dilimlenmiş

1. Gulaş için, büyük bir Hollanda fırınında kıyma, biber ve
soğanı orta ateşte 8 ila 10 dakika veya domuz eti artık
pembeleşinceye ve sebzeler gevrekleşinceye kadar bir
tahta kaşıkla karıştırarak pişirin. onu kırmak için et. Yağı
boşaltın. Sıcaklığı azalt; kırmızı biber, füme baharat,
kimyon ve mercanköşk ekleyin. Örtün ve 10 dakika

pişirin. Süzülmemiş domatesleri ve sirkeyi ekleyin. kaynatın; ısıyı azaltmak Kapağı kapalı olarak 20 dakika pişirin.

2. Bu sırada lahana için, büyük bir tavada yağı orta ateşte ısıtın. Soğan ekleyin ve yaklaşık 2 dakika yumuşayana kadar pişirin. Lahanayı ekleyin; birleştirmek için karıştırın. Sıcaklığı azalt. Ara sıra karıştırarak yaklaşık 8 dakika veya lahana yumuşayana kadar pişirin.

3. Servis yapmadan önce lahana karışımından bir parçayı bir tabağa koyun. Gulaş ile süsleyin ve limon kabuğu rendesi ve maydanoz serpin.

DILIMLENMIŞ REZENE VE SOTE SOĞAN ILE MARINE EDILMIŞ İTALYAN SOSIS KÖFTE

HAZIRLIK:Fırında 30 dakika: 30 dakika pişirme: 40 dakika yapma: 4 ila 6 porsiyon

BU TARIF NADIR BIR ÖRNEKTIRTAZE VERSIYON, KONSERVE BIR ÜRÜNDEN DAHA IYI DEĞILSE DE EN AZ ONUN KADAR IYIDIR. ÇOK AMA ÇOK OLGUN DOMATESLERINIZ YOKSA TAZE DOMATESLE YAPILAN BIR SOSTA KONSERVE DOMATESLE AYNI KIVAMI ELDE EDEMEZSINIZ. TUZSUZ VE HATTA DAHA IYISI ORGANIK BIR ÜRÜN KULLANDIĞINIZDAN EMIN OLUN.

KÖFTELER

2 büyük yumurta

½ su bardağı badem unu

8 diş sarımsak, ince kıyılmış

6 yemek kaşığı sek beyaz şarap

1 çay kaşığı kırmızı biber

2 çay kaşığı karabiber

1 yemek kaşığı rezene tohumu, hafifçe ezilmiş

1 çay kaşığı kurutulmuş kekik, rendelenmiş

1 yemek kaşığı kuru kekik, ezilmiş

¼ ila ½ çay kaşığı acı biber

1 ½ kilo kıyma

YAT LIMANINA

2 yemek kaşığı zeytinyağı

2 15 ons tuzsuz ezilmiş domates veya 28 ons tuzsuz ezilmiş domates

½ su bardağı kıyılmış taze fesleğen

3 orta boy rezene ampulü, ikiye bölünmüş, özlü ve ince dilimlenmiş

1 büyük tatlı soğan, ikiye bölünmüş ve ince dilimlenmiş

1. Fırını 375°F'ye ısıtın. Büyük bir fırın tepsisini parşömen kağıdı ile kaplayın; bir kenara bırakmak Büyük bir kapta yumurta, badem unu, 6 diş sarımsak, 3 yemek kaşığı şarap, kırmızı biber, 1½ çay kaşığı karabiber, rezene tohumu, kekik, kekik ve kırmızı biberi çırpın. Domuz eti ekleyin; İyice karıştırın. 1½ inçlik köfteler halinde domuz eti karışımı oluşturun (24 köfte yapmalıdır); Hazırlanan fırın tepsisine tek bir katman halinde düzenleyin. Yaklaşık 30 dakika veya hafifçe kızarana kadar pişirin, pişirme sırasında bir kez çevirin.

2. Bu arada, marinara sosu için 4-6 litre Hollanda fırınında 1 yemek kaşığı zeytinyağını ısıtın. Kalan 2 diş kıyılmış sarımsağı ekleyin; yaklaşık 1 dakika veya kahverengileşmeye başlayana kadar pişirin. Kalan 3 yemek kaşığı şarabı, ezilmiş domatesleri ve fesleğenleri hızlıca ekleyin. kaynatın; ısıyı azaltmak Kapağı açık olarak 5 dakika pişirin. Pişen köfteleri marinara sosuna yavaşça atın. Örtün ve 25 ila 30 dakika pişirin.

3. Bu arada büyük bir tavada kalan 1 yemek kaşığı zeytinyağını orta ateşte ısıtın. Dilimlenmiş rezene ve soğanı karıştırın. Sık sık karıştırarak 8 ila 10 dakika veya yumuşayana ve hafifçe kızarana kadar pişirin. Kalan yarım çay kaşığı karabiber ile tatlandırın. Rezene ve soğan sotesinin üzerine köfteleri ve marinara sosu servis edin.

FESLEĞEN VE ÇAM FISTIĞI ILE DOLDURULMUŞ DOMUZ KABAK KASELERI

HAZIRLIK:20 dakika pişirme: 22 dakika pişirme: 20 dakika yapma: 4 porsiyon

ÇOCUKLAR BU EĞLENCELI YEMEĞE BAYILIYORDOMUZ ETI, DOMATES VE BIBER ILE DOLDURULMUŞ KABAK PÜRESI. İSTENIRSE 3 YEMEK KAŞIĞI FESLEĞENLI PESTO ILAVE EDIN (BKZ.<u>YEMEK TARIFI</u>) YERINE TAZE FESLEĞEN, MAYDANOZ VE ÇAM FISTIĞI.

2 orta boy kabak

1 yemek kaşığı sızma zeytinyağı

12 ons öğütülmüş domuz eti

¾ bardak doğranmış soğan

2 diş sarımsak, kıyılmış

1 su bardağı doğranmış domates

⅔ fincan ince kıyılmış sarı veya turuncu biber

1 yemek kaşığı rezene tohumu, hafifçe ezilmiş

½ çay kaşığı öğütülmüş kırmızı biber

¼ fincan taze fesleğen

3 yemek kaşığı kıyılmış taze maydanoz

2 yemek kaşığı kavrulmuş çam fıstığı (bkz.<u>uç</u>) ve yakl.

1 çay kaşığı ince rendelenmiş limon kabuğu

1. Fırını 350°F'ye ısıtın. Kabağı uzunlamasına ikiye bölün ve ¼ inçlik bir kabuk bırakarak merkezini yavaşça dışarı çıkarın. Kabağın posasını doğrayın ve bir kenara koyun. Kabak yarımlarını, kesilmiş tarafları yukarı gelecek şekilde bir parşömen kağıdına yerleştirin.

2. Doldurmak için zeytinyağını büyük bir tavada orta ateşte
   ısıtın. Kıyma domuz eti ekleyin; eti parçalamak için bir
   tahta kaşıkla karıştırarak pembeleşinceye kadar pişirin.
   Yağı boşaltın. Isıyı ortama indirin. Ayrılmış kabak posası,
   soğan ve sarımsağı ekleyin; pişirin ve yaklaşık 8 dakika
   veya soğan yumuşayana kadar karıştırın. Domates, biber,
   rezene tohumu ve ezilmiş kırmızı biberi ilave edip
   karıştırın. Yaklaşık 10 dakika veya domatesler yumuşayıp
   parçalanmaya başlayana kadar pişirin. Tavayı ocaktan
   alın. Fesleğen, maydanoz, çam fıstığı ve limon kabuğu
   rendesini ekleyip karıştırın. Dolguyu kabak kabuklarının
   arasına paylaştırın ve biraz üst üste koyun. 20 ila 25
   dakika veya kabak kabukları gevrek ve yumuşayana kadar
   pişirin.

HINDISTAN CEVIZI SÜTÜ VE BAHARATLARLA KÖRILI DOMUZ ETI VE ANANAS "ERIŞTE" KASELERI

HAZIRLIK:30 dakika pişirme: 15 dakika pişirme: 40 dakika yapma: 4 porsiyonFOTOĞRAF

1 adet büyük spagetti kabağı

2 yemek kaşığı rafine hindistan cevizi yağı

1 kilo kıyma

2 yemek kaşığı ince kıyılmış frenk soğanı

2 yemek kaşığı taze limon

1 yemek kaşığı ince kıyılmış taze zencefil

6 diş sarımsak, kıyılmış

1 yemek kaşığı ince kıyılmış limon otu

1 yemek kaşığı tuzsuz Tay usulü köri tozu

1 su bardağı doğranmış kırmızı biber

1 bardak doğranmış soğan

½ su bardağı jülyen doğranmış havuç

1 adet bebek Çin lahanası, dilimlenmiş (3 su bardağı)

1 su bardağı dilimlenmiş taze mantar

1 veya 2 Tay kuşu, ince dilimlenmiş (bkz.uç)

1 13,5 ons doğal hindistan cevizi sütü (Nature's Way gibi)

½ su bardağı tavuk kemiği suyu (bkz.yemek tarifi) veya tuzsuz tavuk suyu

¼ fincan taze ananas suyu

3 yemek kaşığı yağsız tuzsuz kaju ezmesi

1 su bardağı taze ananas, doğranmış

Dosya takozları

Taze kişniş, nane ve/veya Tay fesleğen

Kıyılmış kavrulmuş kaju

1. Fırını 400°F'ye ısıtın. Mikrodalga spagetti kabağı 3 dakika yüksekte. Balkabağı dikkatlice uzunlamasına ikiye bölün ve çekirdeklerini çıkarın. Balkabağının kesik kenarlarına 1 yemek kaşığı hindistancevizi yağı sürün. Kabak yarımlarını kesilmiş tarafı aşağı gelecek şekilde bir fırın tepsisine yerleştirin. 40 ila 50 dakika veya balkabağı bıçakla kolayca delinene kadar pişirin. Etleri bir çatalın dişleriyle kabuklarından sıyırın ve servise hazır olana kadar sıcak tutun.

2. Bu arada orta boy bir kapta domuz eti, yeşil soğan, limon suyu, zencefil, sarımsak, limon otu ve köri tozunu birleştirin; İyice karıştırın. Büyük bir tavada kalan 1 yemek kaşığı hindistancevizi yağını orta-yüksek ateşte ısıtın. Domuz karışımı ekleyin; eti parçalamak için bir tahta kaşıkla karıştırarak pembeleşinceye kadar pişirin. Biber, soğan ve havuç ekleyin; yaklaşık 3 dakika veya sebzeler gevrekleşinceye kadar pişirin ve karıştırın. Çin lahanası, mantar, kırmızı biber, hindistancevizi sütü, tavuk kemiği suyu, ananas suyu ve kaju ezmesini karıştırın. kaynatın; ısıyı azaltmak ananas ekleyin; tamamen ısınana kadar üstü açık olarak pişirin.

3. Servis etmek için spagetti kabağını dört kaseye bölün. Kabak üzerine domuz curia kaşıkla. Limon dilimleri, otlar ve kaju fıstığı ile servis yapın.

BAHARATLI SALATALIK SALATASI ILE BAHARATLI IZGARA DOMUZ PIRZOLASI

HAZIRLIK:30 dakika ızgara: 10 dakika ayar: 10 dakika yapım: 4 porsiyon

ÇITIR SALATALIK SALATASITAZE NANE ILE TATLANDIRILMIŞ, BAHARATLI DOMUZ BURGERLERINE CANLANDIRICI VE FERAHLATICI BIR KATKIDIR.

⅓ su bardağı zeytinyağı

¼ su bardağı kıyılmış taze nane

3 yemek kaşığı beyaz şarap sirkesi

8 diş sarımsak, ince kıyılmış

¼ çay kaşığı karabiber

2 orta boy salatalık, çok ince dilimlenmiş

1 küçük soğan, ince dilimlenmiş (yaklaşık ½ bardak)

1¼ ila 1½ kilo kıyılmış domuz eti

¼ bardak kıyılmış taze kişniş

1 veya 2 orta boy taze jalapeño veya serrano biber, çekirdekleri çıkarılmış (istenirse) ve ince kıyılmış (bkz.<u>uç</u>)

2 orta boy kırmızı biber, tohumlanmış ve dörde bölünmüş

2 yemek kaşığı zeytinyağı

1. Geniş bir kapta ⅓ fincan zeytinyağı, nane, sirke, 2 diş kıyılmış sarımsak ve karabiberi çırpın. Dilimlenmiş salatalık ve soğan ekleyin. İyi kaplanana kadar fırlatın. Bir veya iki kez karıştırarak servis yapmaya hazır olana kadar örtün ve soğutun.

2. Büyük bir kapta domuz eti, kişniş, kırmızı biber ve kalan 6 diş kıyılmış sarımsağı birleştirin. Dört ¾ inç kalınlığında

köfteye yuvarlayın. Dörde bölünmüş biberleri 2 yemek kaşığı zeytinyağı ile hafifçe kaplayın.

3. Kömür veya gazlı ızgara için köfteleri ve dörde bölünmüş biberleri doğrudan orta ateşte koyun. Domuz eti köftelerinin kenarlarına yerleştirilen anında okunan termometre 160 ° F'yi kaydedene ve biber parçaları yumuşak ve hafifçe kömürleşmiş, patatesleri ve dörde bölünmüş biberleri ızgaranın ortasında döndürene kadar örtün ve ızgara yapın. Patatesler için 10 ila 12 dakika ve dörde bölünmüş biberler için 8 ila 10 dakika bekleyin.

4. Dörde bölünmüş biberler pişince bir kağıda sarın ve tamamen kapatın. Yaklaşık 10 dakika veya işlenecek kadar soğuyana kadar bekletin. Keskin bir bıçak kullanarak, cildi biberden dikkatlice çıkarın. Biberleri uzunlamasına dörde bölün.

5. Servis etmek için salatalık salatasını karıştırın ve dört büyük tabağa eşit olarak bölün. Her tabağa bir domuz filetosu koyun. Kırmızıbiber dilimlerini köftelerin üzerine eşit şekilde yerleştirin.

DOMATES PESTO, BIBER VE İTALYAN SOSISI ILE GÜNEŞTE KABAK KABUĞU PIZZA

HAZIRLIK:30 dakika pişirme: 15 dakika pişirme: 30 dakika yapma: 4 porsiyon

BU BIÇAK VE ÇATAL PIZZA.SOSIS VE BIBERLERI PESTO KAPLI KABUĞA HAFIFÇE BASTIRDIĞINIZDAN EMIN OLUN, BÖYLECE ÜST KISIMLAR PIZZAYI TEMIZ BIR ŞEKILDE KESECEK KADAR YAPIŞIR.

2 yemek kaşığı zeytinyağı

1 yemek kaşığı ince öğütülmüş badem

1 büyük yumurta, hafifçe dövülmüş

½ su bardağı badem unu

1 yemek kaşığı kıyılmış taze kekik

¼ çay kaşığı karabiber

3 diş sarımsak, kıyılmış

3½ su bardağı rendelenmiş kabak (2 orta boy)

İtalyan sosisi (bkz.yemek tarifi, altında)

1 yemek kaşığı sızma zeytinyağı

1 dolmalık biber (sarı, kırmızı veya yarım), tohumlanmış ve çok ince şeritler halinde kesilmiş

1 küçük soğan, ince dilimlenmiş

Güneşten domates pesto (bkz.yemek tarifi, altında)

1. Fırını 425°F'ye ısıtın. 12 inçlik bir pizza tavasını 2 yemek kaşığı zeytinyağı ile fırçalayın. Öğütülmüş badem serpin; bir kenara bırakmak

2. Hamuru yapmak için yumurta, badem unu, kekik, karabiber ve sarımsağı geniş bir kapta karıştırın. Rendelenmiş

kabağı temiz bir havlu veya bir parça peynir üzerine koyun. iyi topla

IZGARA LIMONLU KIŞNIŞ BACAĞI FÜME KUŞKONMAZ

YUMUŞATMAK:30 dakika Hazırlama: 20 dakika Izgara: 45 dakika Ayar: 10 dakika Yapım: 6 ila 8 porsiyon

BU YEMEK BASIT AMA ZARİFİLKBAHARDA DOĞAL OLARAK GELEN IKI MALZEME: KUZU ETI VE KUŞKONMAZ. KIŞNIŞ TOHUMLARININ KAVRULMASI, SICAK, DÜNYEVI VE HAFIF BAHARATLI TATLARINI ARTIRIR.

1 su bardağı ceviz ağacı talaşı

2 yemek kaşığı kişniş tohumu

2 yemek kaşığı ince rendelenmiş limon kabuğu

1 buçuk çay kaşığı karabiber

2 yemek kaşığı kıyılmış taze kekik

1 2 ila 3 pound kemiksiz kuzu budu

2 demet taze kuşkonmaz

1 yemek kaşığı zeytinyağı

¼ çay kaşığı karabiber

1 limon, dörde bölünmüş

1. Kızartmadan 30 dakika önce, bir kapta cevizli patatesleri yeterince su ile ıslatın; bir kenara bırakmak Bu arada, küçük bir tavada kişniş tohumlarını orta ateşte 2 dakika veya kokulu ve gevrek olana kadar sık sık karıştırarak kızartın. Tohumları tavadan çıkarın; soğumaya bırak Tohumlar soğuduktan sonra, bir kevgir içinde öğütün (veya bir kesme tahtası üzerine koyun ve bir tahta kaşığın arkasıyla ezin). Küçük bir kasede kişniş tohumları, limon kabuğu rendesi, 1 ½ çay kaşığı biber ve kekiği birleştirin; bir kenara bırakmak

2. Kızarmış kuzunun üzerindeki gazlı bezi çıkarın. Kızartmayı yağlı tarafı aşağı gelecek şekilde çalışma yüzeyine yerleştirin. Baharat karışımının yarısını etin üzerine serpin; parmaklarınızla ovun. Yanığı bulun ve dört veya altı adet %100 pamuklu mutfak ipiyle bağlayın. Kalan baharat karışımını kızartmanın dışına serpin ve yapışması için hafifçe bastırın.

3. Kömürlü Barbekü: Orta derecede sıcak kömürleri bir damlama kabının etrafına yerleştirin. Tavada orta ateşte deneyin. Süzülmüş talaşları kömürlerin üzerine atın. Kuzu kızartmayı ızgaradaki damlama tepsisine yerleştirin. Örtün ve orta (145°F) sıcaklıkta 40 ila 50 dakika kızartın. (Gazlı ızgara için, ızgarayı önceden ısıtın. Isıyı ortama düşürün. Dolaylı pişirme için ayarlayın. Üreticinin talimatlarına göre süzülmüş talaş eklemek dışında yukarıdaki gibi ızgara yapın.) Izgarayı folyo ile kapatın. Oymadan önce 10 dakika bekletin.

4. Bu sırada kuşkonmazın odunsu uçlarını kesin. Büyük bir kapta kuşkonmazı zeytinyağı ve ¼ çay kaşığı biberle karıştırın. Kuşkonmazı ızgaranın dış kenarlarına, doğrudan kömürlerin üzerine ve ızgaraya dik olacak şekilde yerleştirin. Örtün ve gevrek olana kadar 5 ila 6 dakika ızgara yapın. Kuşkonmazın üzerine limon dilimlerini sıkın.

5. Kızarmış kuzudan zinciri çıkarın ve eti ince dilimler halinde kesin. Eti ızgara kuşkonmazla servis edin.

SICAK KUZU

HAZIRLIK:30 dakika pişirme: 2 saat 40 dakika İçme: 4 porsiyon

BU LEZZETLI GÜVEÇ ILE IÇINIZI ISITINBIR SONBAHAR YA DA KIŞ AKŞAMINDA. GÜVEÇ, DIJON USULÜ HARDAL, KAJU KREMASI VE FRENK SOĞANI ILE TATLANDIRILMIŞ, KEREVIZ VE FRENK SOĞANINDAN OLUŞAN KADIFEMSI BIR PÜRE IÇINDE SERVIS EDILIR. NOT: KEREVIZ BAZEN KEREVIZ OLARAK DA ADLANDIRILIR.

10 karabiber

6 adaçayı yaprağı

3 bütün biber

2 şerit 2 inçlik portakal kabuğu

2 pound kemiksiz kuzu omuz

3 yemek kaşığı zeytinyağı

2 orta boy soğan, iri kıyılmış

1 14,5 ons tuzsuz, süzülmemiş doğranmış domates

1½ su bardağı Sığır Kemik Suyu (bkz.<u>yemek tarifi</u>) veya tuzsuz et suyu

¾ fincan sek beyaz şarap

3 büyük diş sarımsak, kıyılmış ve soyulmuş

2 pound kereviz, soyulmuş ve 1 inçlik küpler halinde kesilmiş

6 orta boy yaban havucu, soyulmuş ve 1 inçlik dilimler halinde kesilmiş (yaklaşık 2 pound)

2 yemek kaşığı zeytinyağı

2 yemek kaşığı kaju kreması (bkz.<u>yemek tarifi</u>)

1 yemek kaşığı Dijon usulü hardal (bkz.<u>yemek tarifi</u>)

¼ fincan kıyılmış frenk soğanı

1. Buket garni yapmak için 7 inçlik bir peynir karesi kesin. Peynirin ortasına karabiber, adaçayı, kırmızı biber ve portakal kabuğunu koyun. Tülbentin kenarlarını kaldırın

ve %100 pamuklu temiz mutfak ipiyle sıkıca bağlayın. Bir kenara bırak.

2. Kuzunun omuz kısmındaki yağı kesin; kuzu eti 1 inçlik parçalar halinde kesin. Orta ateşte bir tavada 3 yemek kaşığı zeytinyağını ısıtın. Kuzu eti gerekirse gruplar halinde kızgın yağda kızarana kadar pişirin; tavadan çıkarın ve sıcak tutun. Tavaya soğan ekleyin; 5 ila 8 dakika veya yumuşayana ve hafifçe kızarana kadar pişirin. Buket garni, süzülmemiş domates, 1¼ bardak Dana Kemik Suyu, şarap ve sarımsak ekleyin. kaynatın; ısıyı azaltmak Ara sıra karıştırarak 2 saat pişirin. Buket garniyi çıkarın ve atın.

3. Bu arada püre yapmak için kereviz ve yaban havucunu büyük bir çorba kasesine koyun; su ile kaplamak Orta ateşte kaynatın; sıcaklığı azalt Örtün ve 30 ila 40 dakika veya sebzeler bir çatalla delindiğinde çok yumuşayana kadar hafifçe pişirin. kuruyor sebzeleri mutfak robotuna koyun. Kalan ¼ su bardağı Sığır Kemik Suyu ve 2 yemek kaşığı yağı ekleyin; püre neredeyse pürüzsüz olana kadar ama yine de biraz dokuya sahip olana kadar nabız atın, kenarlarını sıyırmak için bir veya iki kez durun. Püreyi bir kaseye koyun. Kaju kreması, hardal ve frenk soğanı ile karıştırın.

4. Püreyi dört servis kasesine paylaştırın; yukarıdaki Kuzu Güveç ile.

KEREVIZ ERIŞTE ILE KUZU YAHNISI

HAZIRLIK:30 dakika pişirin: 1 saat 30 dakika İçecekler: 6 porsiyon

APIOI ÇOK FARKLI BIR YAKLAŞIM BENIMSIYORBU GÜVEÇTE VE ARDINDAN KUZU TENCERESINDE PIŞIRIN (BKZ.<u>YEMEK TARIFI</u>). ÇOK INCE TATLI VE MEYVELI KÖK ŞERITLERI YAPMAK IÇIN BIR MANDOLIN DILIMLEYICI KULLANILIR. "ERIŞTE" PIŞENE KADAR PIŞIRILIR.

2 yemek kaşığı limon otu çeşnisi (bkz.<u>yemek tarifi</u>)

1 ½ pound kuzu yahnisi, 1 inçlik küpler halinde kesin

2 yemek kaşığı zeytinyağı

2 bardak doğranmış soğan

1 su bardağı doğranmış havuç

1 su bardağı dilimlenmiş şalgam

1 yemek kaşığı kıyılmış sarımsak (6 diş)

2 yemek kaşığı tuzsuz domates püresi

½ su bardağı kuru kırmızı şarap

4 su bardağı dana kemik suyu (bkz.<u>yemek tarifi</u>) veya tuzsuz et suyu

1 defne yaprağı

2 su bardağı 1 inç doğranmış kabak

1 su bardağı doğranmış patlıcan

1 kilo kereviz, soyulmuş

Kıyılmış taze maydanoz

1. Fırını 250°F'ye ısıtın. Kuzunun üzerine limon baharatını serpin. Kaplamak için hafifçe atın. 6-8 litrelik bir Hollanda fırınını orta-yüksek ateşte ısıtın. 1 çorba kaşığı zeytinyağı ve terbiyeli kuzu etinin yarısını güveçe ekleyin. Etin her tarafını kızgın yağda kızartın; Kızarmış eti bir tabağa aktarın ve kalan kuzu eti ve zeytinyağı ile tekrarlayın. Isıyı ortama indirin.

2. Soğanı, havucu ve şalgamı tencereye ekleyin. Sebzeleri 4 dakika pişirin ve karıştırın; sarımsak ve domates salçasını ekleyin ve 1 dakika daha pişirin. Tencereye kırmızı şarap, dana kemik suyu, defne yaprağı ve ayrılmış et ve birikmiş suları ekleyin. Karışımı kaynatın. Hollandalı fırını önceden ısıtılmış fırına örtün ve yerleştirin. 1 saat pişirin. Kabak ve patlıcanı karıştırın. Fırına dönün ve 30 dakika daha pişirin.

3. Güveç pişerken kerevizi ince ince dilimlemek için bir mandolin kullanın. Kerevizi ½ cm genişliğinde şeritler halinde dilimleyin. (Yaklaşık 4 bardak almalısınız.) Kereviz şeritlerini güveçte karıştırın. Yaklaşık 10 dakika veya yumuşayana kadar pişirin. Güveç servis etmeden önce defne yaprağını çıkarın ve atın. Her birine kıyılmış maydanoz serpin.

NAR VE HURMA ILE FRANSIZ KUZU PIRZOLA

HAZIRLIK:10 dakika pişirme: 18 dakika soğutma: 10 dakika yapma: 4 porsiyon

"FRANSIZ" TERIMI BIR KABURGA ANLAMINA GELIRYAĞ, ET VE BAĞ DOKUSU KESKIN BIR BIÇAKLA ÇIKARILDI. ÇEKICI BIR SUNUM YAPAR. KASABINIZDAN YAPMASINI ISTEYIN VEYA KENDINIZ YAPABILIRSINIZ.

HINT TURŞUSU

½ su bardağı şekersiz nar suyu

1 yemek kaşığı taze limon

1 arpacık soğan, soyulmuş ve ince halkalar halinde kesilmiş

1 tatlı kaşığı ince rendelenmiş portakal kabuğu

⅓ su bardağı kıyılmış Medjoul hurması

¼ çay kaşığı kırmızı biber

¼ su bardağı nar taneleri*

1 yemek kaşığı zeytinyağı

1 yemek kaşığı İtalyan (düz yaprak) kıyılmış taze maydanoz

KUZU PIRZOLA

2 yemek kaşığı zeytinyağı

8 adet kızarmış kuzu kaburga

1. Hint turşusu yapmak için nar suyu, limon suyu ve arpacık soğanları küçük bir tencerede karıştırın. kaynatın; ısıyı azaltmak Kapağı açık olarak 2 dakika pişirin. Portakal kabuğu, hurma ve ezilmiş kırmızı biberi ekleyin. Yaklaşık 10 dakika soğumaya bırakın. Nar taneleri, 1 çorba kaşığı zeytinyağı ve maydanozu ilave edip karıştırın. Servis zamanına kadar oda sıcaklığında bekletin.

2. Biftekleri hazırlamak için büyük bir tavada 2 yemek kaşığı zeytinyağını orta ateşte ısıtın. Gruplar halinde çalışarak biftekleri tavaya ekleyin ve orta-az pişmiş (145°F) sıcaklıkta 6 ila 8 dakika bir kez çevirerek pişirin. Biftekleri Hint turşusu ile doldurun.

*Not: Taze narlar ve çekirdekleri veya çekirdekleri Ekim'den Şubat'a kadar mevcuttur. Onları bulamazsanız, çıtır bir Hint turşusu yapmak için şekersiz kurutulmuş tohumlar kullanın.

SOTE RADICCHIO ILE CHIMICHURRI KUZU BIFTEK

HAZIRLIK:30 dakika marine etme: 20 dakika pişirme: 20 dakika yapma: 4 porsiyon

CHIMICHURRI, ARJANTIN'DEKI EN POPÜLER ÇEŞNIDIR.O ÜLKENIN GAUCHO TARZINDA IZGARA YAPILAN ÜNLÜ BIFTEĞI ILE. BIRÇOK VARYASYON VARDIR, ANCAK KALIN BIR BITKI SOSU GENELLIKLE MAYDANOZ, KIŞNIŞ VEYA KEKIK, ARPACIK VE/VEYA SARIMSAK, EZILMIŞ KIRMIZI BIBER, ZEYTINYAĞI VE KIRMIZI ŞARAP SIRKESI ETRAFINDA YAPILIR. IZGARA BIFTEKTE HARIKA AMA KUZU PIRZOLA, KIZARMIŞ TAVUK VE DOMUZ ETI VEYA TAVADA DA AYNI DERECEDE HARIKA.

8 kuzu pirzola, 1 inç kalınlığında kesilmiş

½ bardak Chimichurri sosu (bkz.<u>yemek tarifi</u>)

2 yemek kaşığı zeytinyağı

1 tatlı soğan, ikiye bölünmüş ve dilimlenmiş

1 çay kaşığı kimyon tohumu, öğütülmüş*

1 diş sarımsak, kıyılmış

1 bardak turp, bükülmüş ve ince şeritler halinde kesilmiş

1 yemek kaşığı balzamik sirke

1. Kuzu pirzolayı geniş bir kaseye koyun. 2 yemek kaşığı Chimichurri sos ile gezdirin. Sosu parmaklarınızla her bifteğin yüzeyine sürün. Biftekleri oda sıcaklığında 20 dakika marine edin.

2. Bu arada sotelenmiş turp marulu için 1 yemek kaşığı zeytinyağını geniş bir tavada kızdırın. Soğan, kimyon tohumları ve sarımsak ekleyin; 6 ila 7 dakika veya soğan yumuşayana kadar sık sık karıştırarak pişirin. Turpu ekleyin; 1 ila 2 dakika veya turp hafifçe solana kadar

pişirin. Salatayı büyük bir kaseye koyun. Balzamik sirkeyi ekleyin ve birleştirmek için iyice karıştırın. Örtün ve ısıtın.

3. Tavayı temizleyin. Kalan 1 çorba kaşığı zeytinyağını tavaya ekleyin ve orta ateşte ısıtın. Kuzu pirzolası ekleyin; ısıyı orta seviyeye düşürün. Biftekleri ara sıra maşayla çevirerek 9 ila 11 dakika veya istenen pişene kadar pişirin.

4. Biftekleri marul ve kalan Chimichurri sosuyla birlikte servis edin.

*Not: Kimyon tohumlarını havanda ezmek için havan kullanın veya tohumları bir kesme tahtasına koyun ve bir şef bıçağıyla ezin.

HAVUÇ VE TATLI PATATES REMOULADE ILE HAMSI VE ADAÇAYI OVUŞTURULMUŞ KUZU PIRZOLA

HAZIRLIK:12 dakika soğutma: 1 ila 2 saat ızgara: 6 dakika yapma: 4 porsiyon

ÜÇ ÇEŞIT KUZU PIRZOLASI VARDIR.KALIN, ETLI FILETO BIFTEKLER, KEMIKLI BIFTEKLERE BENZER. KABURGA BIFTEK - BURADA DENIR - BIR KUZUNUN KEMIKLERI ARASINDAN KESILEREK YAPILIR. ÇOK HASSASTIRLAR VE YANLARINDA ÇEKICI BIR UZUN KEMIĞE SAHIPTIRLER. GENELLIKLE TAVADA KIZARTILMIŞ VEYA IZGARA OLARAK SERVIS EDILIRLER. BÜTÇE DOSTU OMUZ BIFTEKLERI, DIĞER IKI TÜRE GÖRE BIRAZ DAHA YAĞLI VE DAHA YUMUŞAKTIR. EN IYI ŞEKILDE KIZARTILIR VE ARDINDAN ŞARAP, ET SUYU VE DOMATES VEYA BUNLARIN BIR KOMBINASYONUNDA PIŞIRILIR.

3 orta boy havuç, rendelenmiş

2 küçük patates, jülyen* kesilmiş veya iri rendelenmiş

½ fincan Paleo Mayo (bkz.<u>yemek tarifi</u>)

2 yemek kaşığı taze limon

2 yemek kaşığı Dijon usulü hardal (bkz.<u>yemek tarifi</u>)

2 yemek kaşığı kıyılmış taze maydanoz

½ çay kaşığı karabiber

8 kuzu pirzolası, ½ ila ¾ inç kalınlığında

2 yemek kaşığı kıyılmış taze adaçayı veya 2 yemek kaşığı kuru adaçayı, doğranmış

2 yemek kaşığı öğütülmüş anço biber

½ çay kaşığı sarımsak tozu

1. Remoulade yapmak için havuçları ve tatlı patatesleri orta boy bir kapta birleştirin. Küçük bir kasede Paleo Mayo, limon suyu, Dijon usulü hardal, maydanoz ve karabiberi

karıştırın. Havuç ve tatlı patatesleri atın; korunmak Örtün ve 1 ila 2 saat soğumaya bırakın.

2. Bu sırada küçük bir kapta adaçayı, hamsi ve sarımsak tozunu karıştırın. Baharat karışımını kuzu pirzolaların üzerine sürün.

3. Kömür veya gazlı ızgara için, kuzu pirzolaları orta ateşte doğrudan ızgaraya yerleştirin. Örtün ve 6 ila 8 dakika orta-az pişmiş (145°F) veya 10 ila 12 dakika (150°F) ızgara yapın, ızgaranın ortasında bir kez çevirin.

4. Kuzu pirzolayı remoulade ile birlikte servis edin.

*Not: Tatlı patatesleri dilimlemek için jülyen ekli bir mandolin kullanın.

ARPACIK SOĞAN, NANE VE KEKIK OVMA ILE KUZU PIRZOLA

HAZIRLIK:20 dakika marine etme: 1 ila 24 saat kavurma: 40 dakika ızgara yapma: 12 dakika yapma: 4 porsiyon

ÇOĞU MARINE EDILMIŞ ETTE OLDUĞU GIBI,BAHARATI PIŞIRMEDEN ÖNCE KUZU PIRZOLALARIN ÜZERINE NE KADAR UZUN SÜRE BIRAKIRSANIZ O KADAR LEZZETLI OLURLAR. BU KURALIN BIR ISTISNASI VARDIR VE O DA LIMON SUYU, SIRKE VE ŞARAP GIBI OLDUKÇA ASITLI MADDELER IÇEREN BIR TURŞU KULLANDIĞINIZ ZAMANDIR. ETI ASITLI BIR MARINEDE ÇOK UZUN SÜRE BIRAKIRSANIZ, PARÇALANMAYA VE LAPA GIBI OLMAYA BAŞLAR.

KUZU

2 yemek kaşığı ince kıyılmış maydanoz

2 yemek kaşığı ince kıyılmış taze nane

2 yemek kaşığı ince kıyılmış taze kekik

5 yemek kaşığı Akdeniz otu (bkz.yemek tarifi)

4 yemek kaşığı zeytinyağı

2 diş sarımsak, kıyılmış

8 kuzu pirzola, yaklaşık 1 inç kalınlığında kesilmiş

SALATA

¾ pound küçük pancar, doğranmış

1 yemek kaşığı zeytinyağı

¼ fincan taze limon suyu

¼ su bardağı zeytinyağı

1 yemek kaşığı ince kıyılmış maydanoz

1 yemek kaşığı Dijon usulü hardal (bkz.yemek tarifi)

6 su bardağı karışık yeşillik

4 yemek kaşığı kıyılmış kişniş

1. Kuzu eti için küçük bir kapta 2 yemek kaşığı arpacık soğan, nane, kekik, 4 yemek kaşığı Akdeniz otu ve 4 yemek kaşığı zeytinyağını karıştırın. Kuzu pirzolasının her tarafını ovun; parmaklarınızla ovun. Biftekleri bir tabağa koyun; plastik sargıyla örtün ve marine etmek için en az 1 saat veya 24 saate kadar buzdolabında saklayın.

2. Salata için fırını 400°F'ye ısıtın. Pancarları iyice yıkayın; parçalara ayırmak 2 litrelik bir kaba koyun. 1 çorba kaşığı zeytinyağı ile gezdirin. Plakayı folyo ile örtün. Yaklaşık 40 dakika veya pancarlar yumuşayana kadar. Tamamen soğutun. (Pancar 2 gün önceden kavrulabilir.)

3. Limon suyu, ¼ bardak zeytinyağı, 1 yemek kaşığı arpacık soğanı, Dijon usulü hardal ve kalan yemek kaşığı Akdeniz çeşnisini bir vidalı kapakta birleştirin. Örtün ve iyice çalkalayın. Pancar ve yeşillikleri bir salata kasesinde birleştirin; biraz turşu atın.

4. Kömürlü veya gazlı ızgara için, biftekleri doğrudan orta ateşte yağlanmış ızgaraya yerleştirin. Kızartmanın ortasında bir kez çevirerek üzerini örtün ve istediğiniz gibi ızgara yapın. Nadir (145°F) için 12 ila 14 dakika veya 15 ila 17 dakika (160°F) bekleyin.

5. Servis etmek için 4 tabağa 2 adet kuzu pirzola ve bir parça salata koyun. Frenk soğanı serpin. Kalan salata suyunu geçirin.

KIRMIZI BIBER SOSLU BAHÇE KUZU BURGERLERI

HAZIRLIK:20 dakika ayakta: 15 dakika ızgara: 27 dakika yapım: 4 porsiyon

BIR COULIS, BASIT, KREMALI BIR SOSTAN BAŞKA BIR ŞEY DEĞILDIR.MEYVE VEYA SEBZE PÜRELERI ILE YAPILIR. BU KUZU BURGERLER IÇIN PARLAK, GÜZEL KIRMIZI BIBER SOSU, IKI DOZ DUMAN ALIR: IZGARADAN VE BIR ATIŞ TÜTSÜLENMIŞ KIRMIZI BIBERDEN.

KIRMIZI BIBER SOSU

1 büyük kırmızı biber

1 yemek kaşığı sek beyaz şarap veya beyaz şarap sirkesi

1 çay kaşığı zeytinyağı

½ çay kaşığı füme kırmızı biber

HAMBURGER

¼ fincan doğranmış güneşte kurutulmuş domates

¼ su bardağı rendelenmiş kabak

1 yemek kaşığı kıyılmış taze fesleğen

2 yemek kaşığı zeytinyağı

½ çay kaşığı karabiber

1 ½ pound kıyma kuzu

1 yumurta akı, hafifçe çırpılmış

1 yemek kaşığı Akdeniz çeşnisi (bkz.<u>yemek tarifi</u>)

1. Kırmızı biber sosu için kırmızı biberi doğrudan orta ateşte ızgaraya koyun. Örtün ve 15 ila 20 dakika veya kömürleşene ve çok yumuşayana kadar ızgara yapın, biberi her 5 dakikada bir çevirerek her iki tarafı da ovun. Izgaradan çıkarın ve biberi tamamen kaplayacak şekilde hemen bir kağıt torbaya veya parşömen kağıdına koyun.

15 dakika veya işlenecek kadar soğuyana kadar bırakın. Keskin bir bıçakla deriyi dikkatlice çıkarın ve atın. Biberleri uzunlamasına ikiye kesin ve saplarını, tohumlarını ve zarlarını çıkarın. Közlenmiş biber, şarap, zeytinyağı ve tütsülenmiş kırmızı biberi bir mutfak robotunda birleştirin. Örtün ve pürüzsüz olana kadar işleyin veya karıştırın.

2. Bu arada iç malzeme için güneşte kurutulmuş domatesleri küçük bir kaseye koyun ve üzerini kaynar su ile kapatın. 5 dakika bekletin; boşaltma Domatesleri ve rendelenmiş kabakları mutfak kağıdı ile kurutun. Küçük bir kapta domates, kabak, fesleğen, zeytinyağı ve ¼ çay kaşığı karabiberi karıştırın; bir kenara bırakmak

3. Kuzu kıyması, yumurta akı, kalan ¼ çay kaşığı karabiber ve Akdeniz baharatını geniş bir kapta birleştirin; İyice karıştırın. Et karışımını sekiz eşit parçaya bölün ve her birini ¼ inç kalınlığında şekillendirin. Dolguyu dört köfteye dökün; Köftelerin geri kalanıyla doldurun ve doldurmayı kapatmak için kenarlarını sıkıştırın.

4. Köfteleri orta ateşte doğrudan ızgaraya yerleştirin. Örtün ve 12 ila 14 dakika veya tamamen pişene kadar (160°F) ızgara yapın, pişirmenin yarısında bir kez çevirin.

5. Hizmet etmek için burgerlerin üzerine kırmızı biberli sos ekleyin.

DUBLE KEKIK VE TZATZIKI SOSLU KUZU PIRZOLA

YUMUŞATMAK:30 dakika hazırlama: 20 dakika soğutma: 30 dakika kavurma: 8 dakika hazırlık: 4 porsiyon

BU KUZU PIRZOLALARI TEMEL OLARAKAKDENIZ VE ORTA DOĞU'DA KOFTA OLARAK BILINEN TÜTSÜLENMIŞ ET (GENELLIKLE KUZU VEYA DANA ETI), TOP VEYA ŞIŞ HALINE GETIRILIR VE ARDINDAN IZGARA YAPILIR. TAZE VE KURUTULMUŞ KEKIK ONLARA HARIKA BIR YUNAN AROMASI VERIR.

8 adet 10 inçlik tahta şiş

KUZU KEBAP

1 ½ kilo kuzu kıyma

1 küçük soğan, doğranmış ve kuru preslenmiş

1 yemek kaşığı kıyılmış taze kekik

2 yemek kaşığı kurutulmuş kekik, ezilmiş

1 çay kaşığı karabiber

CACIK SOSU

1 su bardağı Paleo Mayo (bkz.yemek tarifi)

Yarım büyük salatalık, çekirdeksiz ve rendelenmiş ve kuru sıkılmış

2 yemek kaşığı taze limon

1 diş sarımsak, kıyılmış

1. Şişleri 30 dakika kadar ıslatacak kadar suda bekletin.

2. Kuzu pirzola için, büyük bir kapta kuzu kıyması, soğan, taze ve kuru kekik ve karabiberi birleştirin; İyice karıştırın. Kuzu karışımını sekiz eşit parçaya bölün. Her parçayı bir şişin ortasına sarın ve 5×1 inçlik bir blok oluşturun. Örtün ve en az 30 dakika soğumaya bırakın.

3. Bu sırada Tzatziki Sos için küçük bir kasede Paleo Mayo, salatalık, limon suyu ve sarımsağı karıştırın. Servis yapmaya hazır olana kadar örtün ve soğutun.

4. Kömür veya gazlı ızgara için, kuzu pirzolaları orta ateşte doğrudan ızgaraya yerleştirin. Örtün ve orta ateşte (160°F) yaklaşık 8 dakika ızgara yapın, ızgaranın ortasında bir kez çevirin.

5. Kuzu pirzolayı Tzatziki sosuyla birlikte servis edin.

SAFRAN VE LIMONLU KIZARMIŞ TAVUK

HAZIRLIK:15 dakika soğutma: 8 saat kavurma: 1 saat bekletme 15 dakika: 10 dakika yapma: 4 porsiyon

SAFRAN KURU ORGANLARDIRBIR TÜR ÇİĞDEM ÇİÇEĞI. PAHALIDIR, ANCAK BIRAZ UZUN BIR YOL KAT EDER. BU ÇITIR KIZARMIŞ TAVUĞA KENDINE ÖZGÜ DÜNYEVI LEZZETINI VE GÜZEL SARI TONUNU KATIYOR.

4 ila 5 kiloluk bir bütün tavuk

3 yemek kaşığı zeytinyağı

6 diş sarımsak, kıyılmış ve soyulmuş

1 buçuk çay kaşığı ince rendelenmiş limon kabuğu

1 yemek kaşığı taze kekik

1 ½ çay kaşığı öğütülmüş karabiber

½ çay kaşığı safran

2 defne yaprağı

1 limon, dörde bölünmüş

1. Tavuğun boynunu ve bağırsaklarını çıkarın; atın veya başka bir kullanım için saklayın. Tavuğun vücut boşluğunu temizleyin; mutfak kağıdı ile kurulayın. Fazla deriyi veya yağı tavuktan kesin.

2. Zeytinyağı, sarımsak, limon kabuğu rendesi, kekik, biber ve safranı mutfak robotunda karıştırın. Yumuşak bir macun oluşturma süreci.

3. Parmaklarınızı kullanarak, macunu tavuğun dışına ve boşluğun içine sürün. Tavuğu büyük bir kaseye aktarın; örtün ve en az 8 saat veya gece boyunca soğutun.

4. Fırını 425°F'ye ısıtın. Tavuğun oyuğuna çeyrek limon ve defne yapraklarını yerleştirin. Bacakları %100 pamuklu mutfak ipi ile birbirine bağlayın. Kanatları tavuğun altına yerleştirin. Kemiğe dokunmadan uyluk kasının içinden fırına bir et termometresi yerleştirin. Tavuğu büyük bir kızartma tavasında bir tel ızgara üzerine yerleştirin.

5. 15 dakika kızartın. Fırın sıcaklığını 375 ° F'ye düşürün. Yaklaşık bir saat daha veya meyve suları berraklaşana ve bir termometre 175°F'yi kaydedene kadar pişirin. Folyo ile sazan tavuğu. Oymadan önce 10 dakika bekletin.

JICAMA LAHANA SALATASI ILE SPATCHCOCKCOCK TAVUK

HAZIRLIK:Izgarada 40 dakika: 1 saat 5 dakika Sertleşme: 10 dakika Yapılış: 4 porsiyon

SPATCHCOCK ESKI BIR MUTFAK TERIMIDIR.DAHA YAKIN ZAMANLARDA, TAVUK VEYA CORNISH TAVUĞU GIBI KÜÇÜK BIR KUŞU SIRTINDAN BÖLME VE ARDINDAN DAHA HIZLI VE DAHA EŞIT ŞEKILDE PIŞMESINE YARDIMCI OLMAK IÇIN AÇIP BIR KITAP GIBI DÜZLEŞTIRME SÜRECINI TANIMLAMAK IÇIN KULLANILIR. KELEBEKLERE BENZER, ANCAK YALNIZCA KUŞLARI IFADE EDER.

TAVUK

1 poblano şili

1 yemek kaşığı ince kıyılmış maydanoz

3 diş sarımsak, kıyılmış

1 çay kaşığı ince rendelenmiş limon kabuğu

1 çay kaşığı ince rendelenmiş limon kabuğu

1 çay kaşığı tütsülenmiş baharat (bkz.yemek tarifi)

½ çay kaşığı kurutulmuş kekik, rendelenmiş

½ çay kaşığı öğütülmüş kimyon

1 yemek kaşığı zeytinyağı

3 ila 3½ pound bütün tavuk

SALATA

½ orta jicama, soyulmuş ve jülyen şeritler halinde kesilmiş (yaklaşık 3 bardak)

½ su bardağı ince dilimlenmiş (4)

1 Granny Smith elma, soyulmuş, özlü ve jülyen doğranmış

⅓ su bardağı kıyılmış taze kişniş

3 yemek kaşığı taze portakal suyu

3 yemek kaşığı zeytinyağı

1 yemek kaşığı limon otu çeşnisi (bkz.yemek tarifi)

1. Kömür ızgarası yapmak için ızgaranın bir tarafına orta boy kömür koyun. Izgaranın boş tarafının altına bir damlama kabı yerleştirin. Poblano'yu ızgaraya doğrudan orta kömürlerin üzerine yerleştirin. Örtün ve 15 dakika veya poblano her taraftan kömürleşene kadar ara sıra çevirerek ızgara yapın. Hemen poblano kağıdına sarın; 10 dakika bekletin. Kağıdı açın ve poblanoyu uzunlamasına ikiye bölün; sapları ve tohumları çıkarın (bkz.<u>uç</u>). Keskin bir bıçakla, cildi nazikçe soyun ve atın. Poblanoyu ince ince doğrayın. (Gazlı ızgara için, ızgarayı önceden ısıtın; ısıyı ortama düşürün. Dolaylı pişirme için ayarlayın. Brülörde yukarıdaki gibi ızgara yapın).

2. Ovalamak için poblano, arpacık soğanı, sarımsak, limon kabuğu rendesi, limon kabuğu rendesi, tütsülenmiş kırmızı biber, kekik ve kimyonu küçük bir kasede birleştirin. Yağı karıştırın; iyice karıştırarak macun haline getirin.

3. Tavuğu yağlamak için, tavuğun boynunu ve sakatatlarını çıkarın (başka bir kullanım için ayırın). Tavuk göğsünü bir kesme tahtası üzerine alın. Boyun ucundan başlayarak omurganın bir tarafını uzunlamasına kesmek için mutfak makası kullanın. Omurganın diğer tarafında uzunlamasına kesimi tekrarlayın. Omurgayı çıkarın ve atın. Kazı aç. Tavuğun düz olması için sternumu kırmak için göğüslerin arasına bastırın.

4. Göğsün bir tarafındaki boyundan başlayarak, parmaklarınızı cilt ile et arasında kaydırın, uyluğa doğru ilerlerken cildi gevşetin. Uyluğun etrafındaki cildi gevşetin. Diğer tarafta

tekrarlayın. Tavuğun derisinin altındaki etin üzerine parmaklarınızla ovalayın.

5. Tavuğu göğüs tarafı aşağı gelecek şekilde ızgaranın üzerine damlama kabının üzerine yerleştirin. Folyoya sarılmış iki tuğla veya büyük bir dökme demir tava ile ağırlık. Örtün ve 30 dakika ızgara yapın. Tavuğu kemikli tarafı alta gelecek şekilde ızgarada çevirin, taş veya tava ile tekrar tartın. Izgara yapın, üstü kapalı, 30 dakika daha veya tavuk artık pembeleşene kadar (uyluk kasında 175°F). Tavuğu ızgaradan çıkarın; 10 dakika bekletin. (Gazlı ızgara için tavuğu ızgaraya ısıdan uzağa yerleştirin. Yukarıdaki gibi ızgara yapın).

6. Bu sırada lahana salatası için geniş bir kapta jicama, taze soğan, elma ve kişnişi karıştırın. Küçük bir kapta portakal suyu, yağ ve limon kabuğu rendesini çırpın. Jicama karışımını üstüne dökün ve kaplamak için atın. Tavuğu marulla birlikte servis edin.

VOTKA, HAVUÇ VE DOMATES SOSLU KIZARMIŞ TAVUK

HAZIRLIK:15 dakika pişirme: 15 dakika kızartma: 30 dakika yapma: 4 porsiyon

VOTKA ÇEŞITLI MALZEMELERDEN YAPILABILIRPATATES, MISIR, ÇAVDAR, BUĞDAY VE ARPA - HATTA ÜZÜM DAHIL OLMAK ÜZERE ÇEŞITLI YIYECEKLER. BU SOSTA FAZLA VOTKA OLMASA DA, DÖRT PORSIYONA BÖLÜYORSANIZ, PALEO DOLGUSU YAPMAK IÇIN PATATES VEYA ÜZÜMLE YAPILAN VOTKA ARAYIN.

3 yemek kaşığı zeytinyağı

4 kemikli tavuk arka bacağı veya derisiz tavuk parçaları

1 28 ons tuzsuz erik domatesleri, süzülmüş olabilir

½ su bardağı ince kıyılmış soğan

½ su bardağı ince doğranmış havuç

3 diş sarımsak, kıyılmış

1 yemek kaşığı Akdeniz otu (bkz.<u>yemek tarifi</u>)

⅛ çay kaşığı acı biber

1 dal taze biberiye

2 kaşık votka

1 yemek kaşığı taze fesleğen (isteğe bağlı)

1. Fırını 375°F'ye ısıtın. Büyük bir tavada, 2 yemek kaşığı yağı orta ateşte ısıtın. Tavuğu ekleyin; yaklaşık 12 dakika veya kızarana ve eşit şekilde kızarana kadar pişirin. Tavayı önceden ısıtılmış fırına yerleştirin. Kapağı açık olarak 20 dakika kızartın.

2. Bu sırada sos için mutfak makası kullanarak domatesleri dilimleyin. Orta boy bir tencerede, kalan 1 yemek kaşığı yağı orta ateşte ısıtın. Soğan, havuç ve sarımsağı ekleyin; sık sık karıştırarak 3 dakika veya yumuşayana kadar

pişirin. Dilimlenmiş domatesleri, Akdeniz otlarını, kırmızı biberi ve biberiye dallarını ilave edip karıştırın. Orta ateşte kaynatın; ısıyı azaltmak Ara sıra karıştırarak 10 dakika kapağı açık olarak pişirin. Votkayı karıştırın; 1 dakika daha pişirin; biberiye dalını çıkarın ve atın.

3. Tavadaki sosu tavuğun üzerine koyun. Tavayı fırına geri koyun. Kızartma, kapalı, yaklaşık 10 dakika daha uzun veya tavuk yumuşayıncaya ve pembeliği kaybolana kadar (175°F). İsterseniz fesleğen serpin.

POULET ROTI VE RUTABAGA FRITES

HAZIRLIK:40 dakika pişirin: 40 dakika yapar: 4 porsiyon

ÇITIR ÇITIR KIZARMIŞ RUTABAGAS LEZZETLIDIRKURUTULMUŞ TAVUK VE BERABERINDEKI YEMEKLIK SIVILARLA SERVIS EDILIR, ANCAK KENDI BAŞINA YAPILAN VE PALEO KETÇAP ILE SERVIS EDILEN EŞIT DERECEDE LEZZETLIDIR (BKZ.<u>YEMEK TARIFI</u>) VEYA PALEO AÏOLI (SARIMSAKLI MAYONEZ, BKZ.<u>YEMEK TARIFI</u>).

6 yemek kaşığı zeytinyağı

1 yemek kaşığı Akdeniz çeşnisi (bkz.<u>yemek tarifi</u>)

4 kemikli, derisi alınmış tavuk budu (toplam 1 ¼ kilo)

4 tavuk budu, derisi alınmış (toplam bir kilo)

1 bardak sek beyaz şarap

1 su bardağı tavuk kemiği suyu (bkz.<u>yemek tarifi</u>) veya tuzsuz tavuk suyu

1 küçük soğan, dörde bölünmüş

Zeytin yağı

1½ ila 2 kilo rutabaga

2 yemek kaşığı kıyılmış taze kişniş

Karabiber

1. Fırını 400°F'ye ısıtın. Küçük bir kapta 1 yemek kaşığı zeytinyağı ile Akdeniz otlarını birleştirin; tavuk parçalarını ovalayın. 2 yemek kaşığı yağı büyük bir tavada ısıtın. Tavuk parçalarını et tarafı aşağı gelecek şekilde ekleyin. Açıkta, yaklaşık 5 dakika veya kızarana kadar pişirin. Tavayı ocaktan alın. Kızarmış tarafları yukarı gelecek şekilde tavuk parçalarını ters çevirin. Şarabı, tavuk kemiği suyunu ve soğanı ekleyin.

2. Tavayı fırının orta rafına yerleştirin. 10 dakika boyunca üstü açık olarak pişirin.

3. Bu arada kızartmaları yapmak için geniş bir fırın tepsisini
   zeytinyağı ile kaplayın; bir kenara bırakmak Şalgam
   soyun. Keskin bir bıçak kullanarak, rutabagaları ½ inçlik
   dilimler halinde kesin. Dilimleri yarım santim
   uzunluğunda şeritler halinde kesin. Büyük bir kapta,
   şalgam şeritlerini kalan 3 yemek kaşığı yağla karıştırın.
   Hazırlanan fırın tepsisine rutabaga şeritlerini tek bir
   tabaka halinde yayın; fırının üst rafına yerleştirin. 15
   dakika pişirin; patatesleri çevirin. Tavuğu 10 dakika daha
   veya pembeliği kaybolana kadar (175°F) pişirin. Tavuğu
   fırından çıkarın. Cipsleri 5 ila 10 dakika veya kızarana ve
   yumuşayana kadar pişirin.

4. Tavuğu ve soğanı, suyunu bırakarak tavadan çıkarın.
   Tavuğu ve soğanı sıcak tutmak için örtün. Meyve sularını
   orta ateşte kaynatın; ısıyı azaltmak Kapağı açık olarak 5
   dakika daha veya suları hafifçe azalana kadar pişirin.

5. Servis yapmak için kızarmış patatesleri frenk soğanı ile
   karıştırın ve karabiber ekleyin. Tavuğu sos ve patates
   kızartması ile servis edin.

FRENK SOĞANI PÜRESI VE RUTABAGA ILE ÜÇLÜ MANTAR COQ AU VIN

HAZIRLIK:Pişirme 15 dakika: 1 saat 15 dakika İçecekler: 4 ila 6 porsiyon

KASEDE TOPRAK VARSAKURUTULMUŞ MANTARLARI ISLATTIKTAN SONRA - VE MUHTEMELEN YAPACAKSINIZ - SIVIYI INCE GÖZENEKLI BIR ELEK IÇINDEKI ÇIFT TÜLBENTTEN GEÇIRIN.

1 ons kurutulmuş mantar veya kuzugöbeği

1 su bardağı kaynar su

2 ila 2 ½ pound tavuk uyluk ve butları, derisi üzerinde

Karabiber

2 yemek kaşığı zeytinyağı

2 orta boy pırasa, boyuna ikiye bölünmüş, yıkanmış ve ince dilimlenmiş

2 portobello mantarı, dilimlenmiş

8 ons taze istiridye mantarı, saplı ve dilimlenmiş veya dilimlenmiş

¼ su bardağı tuzsuz domates salçası

1 yemek kaşığı kurutulmuş mercanköşk, rendelenmiş

½ çay kaşığı kurutulmuş kekik, ezilmiş

½ su bardağı kuru kırmızı şarap

6 su bardağı tavuk kemiği suyu (bkz.<u>yemek tarifi</u>) veya tuzsuz tavuk suyu

2 defne yaprağı

2 ila 2 ½ pound rutabagas, soyulmuş ve doğranmış

2 yemek kaşığı kıyılmış taze kişniş

½ çay kaşığı karabiber

kıyılmış taze kekik (isteğe bağlı)

1. Mantarları ve kaynar suyu küçük bir kapta birleştirin; 15 dakika bekletin. Mantarları çıkarın ve ıslatma sıvısını saklayın. Mantarları ince ince doğrayın. Mantarları ve ıslatma sıvısını bir kenara koyun.

2. Tavuğu biber serpin. Sıkıca kapanan kapağı olan büyük bir
   tavada 1 çorba kaşığı zeytinyağını orta-yüksek ateşte
   ısıtın. Tavuk parçalarını iki parti halinde kızgın yağda bir
   kez çevirerek hafifçe kızarana kadar yaklaşık 15 dakika
   kızartın. Tavuğu tavadan çıkarın. Pırasaları, portobello
   mantarlarını ve mantarları ilave edin. Ara sıra karıştırarak
   4 ila 5 dakika veya mantarlar kahverengileşene kadar
   pişirin. Salça, mercanköşk ve kekiği karıştırın; 1 dakika
   karıştırarak pişirin. Şarabı karıştırın; 1 dakika karıştırarak
   pişirin. 3 su bardağı tavuk kemiği suyu, defne yaprağı, ½
   su bardağı ayrılmış mantar ıslatma sıvısı ve rehidrate
   doğranmış mantarları karıştırın. Tavuğu tavaya geri
   koyun. kaynatın; ısıyı azaltmak Kapağı kapalı olarak
   yaklaşık 45 dakika veya tavuk tamamen pişene kadar
   pişirin.

3. Bu arada, büyük bir tencerede şalgamları ve kalan 3 su
   bardağı suyu birleştirin. Rutabagaları örtmek için
   gerekirse su ekleyin. kaynatın; ısıyı azaltmak Açıkta, 25 ila
   30 dakika veya rutabagas yumuşayana kadar ara sıra
   karıştırarak pişirin. Sıvıyı saklayarak rutabaga'yı boşaltın.
   Rutabagaları tavaya geri koyun. Kalan 1 çorba kaşığı
   zeytinyağı, frenk soğanı ve ½ çay kaşığı biber ekleyin.
   Rutabaga karışımını bir patates ezici ile ezin ve istediğiniz
   kıvama ulaşmak için gerektiği kadar pişirme sıvısı ekleyin.

4. Tavuk karışımından defne yapraklarını çıkarın; atmak
   Tavuğu ve sosu rutabaga püresinin üzerine servis edin.
   İsterseniz taze kekik serpin.

ŞEFTALI BRENDI SIRLI BAGETLER

HAZIRLIK:Izgarada 30 dakika: 40 dakika yapım: 4 porsiyon

TAVUK BUDU MÜKEMMELTUNUS BAHARATLI DOMUZ BUDU TARIFINDEN ÇITIR ÇITIR MARUL VE FIRINDA TATLI PATATES ILE (BKZ.YEMEK TARIFI). TURP, MANGO VE NANE ILE ÇITIR LÂHANA SALATASI BURADA GÖSTERILMEKTEDIR (BKZ.YEMEK TARIFI).

ŞEFTALI BRENDI SIR

1 yemek kaşığı zeytinyağı

½ bardak doğranmış soğan

2 taze orta boy şeftali, ikiye bölünmüş, çekirdekleri çıkarılmış ve ince doğranmış

2 yemek kaşığı brendi

1 su bardağı barbekü sosu (bkz.yemek tarifi)

8 tavuk budu (toplam 2 ila 2 pound), istenirse derisi açık

1. Sır yapmak için zeytinyağını orta boy bir tencerede orta ateşte ısıtın. Soğanı ekleyin; ara sıra karıştırarak yaklaşık 5 dakika veya yumuşayana kadar pişirin. Şeftalileri ekleyin. Örtün ve ara sıra karıştırarak 4 ila 6 dakika veya şeftaliler yumuşayana kadar pişirin. brendi ekleyin; pişirin, üstü açık, 2 dakika, ara sıra karıştırarak. Biraz soğu. Şeftali karışımını bir karıştırıcıya veya mutfak robotuna aktarın. Pürüzsüz olana kadar örtün ve karıştırın veya işleyin. Barbekü sosu ekleyin. Pürüzsüz olana kadar örtün ve karıştırın veya işleyin. Sosu tavaya geri koyun. Tamamen ısınana kadar orta ateşte pişirin. Tavuğu kaplamak için ¾ fincan sosu küçük bir kaseye aktarın. Kalan sosu ızgara tavuğun üzerine servis etmek için sıcak tutun.

2. Kömürlü Barbekü: Orta-sıcak kömürleri bir damlama kabının etrafına yerleştirin. Damlama tavası üzerinde orta ateşte test edin. Tavuk budu ızgaradaki damlama tepsisine yerleştirin. Örtün ve 40 ila 50 dakika veya tavuk artık pembe olmayana (175°F) kadar ızgara yapın, ızgaranın ortasında döndürün ve ızgaranın son 5 ila 10 dakikasında ¾ fincan Peach-Brandy Glaze ile yağlayın. (Gazlı ızgara için ızgarayı önceden ısıtın. Isıyı orta seviyeye düşürün. Isıyı dolaylı pişirme için ayarlayın. Aşırı ısınmamış ızgaraya tavuk butlarını ekleyin. Belirtildiği gibi örtün ve ızgara yapın.)

MANGO KAVUN SALATASI ILE MARINE EDILMIŞ BIBERLI TAVUK

HAZIRLIK:40 dakika Soğutma/Marinasyon: 2 ila 4 saat Izgara: 50 dakika Yapım: 6 ila 8 porsiyon.

ANCHO CHILI, KURUTULMUŞ BIR POBLANODUR.- YOĞUN BIR TADA SAHIP PARLAK YEŞIL BIBER. ANCHO CHILES, BIR MIKTAR ERIK VEYA KURU ÜZÜM VE BIR MIKTAR ACI ILE HAFIF MEYVEMSI BIR TADA SAHIPTIR. NEW MEXICO CHILES OLDUKÇA SICAK OLABILIR. BUNLAR, GÜNEYBATI'NIN BAZI BÖLGELERINDE RISTRA SALKIMLARINDA ASILI GÖRDÜĞÜNÜZ KOYU KIRMIZI BIBERLER -- RENKLI, KURUYAN ACI BIBERLER.

TAVUK

- 2 adet kurutulmuş New Mexico chiles
- 2 adet kurutulmuş anço biber
- 1 su bardağı kaynar su
- 3 yemek kaşığı zeytinyağı
- 1 büyük tatlı soğan, soyulmuş ve kalın dilimler halinde kesilmiş
- 4 Roma domatesi, çekirdekleri çıkarılmış
- 1 yemek kaşığı kıyılmış sarımsak (6 diş)
- 2 yemek kaşığı öğütülmüş kimyon
- 1 çay kaşığı kurutulmuş kekik, rendelenmiş
- 16 adet tavuk budu

SALATA

- 2 su bardağı doğranmış kavun
- 2 su bardağı kıyılmış bal
- 2 bardak doğranmış mango
- ¼ fincan taze limon suyu
- 1 çay kaşığı pul biber
- ½ çay kaşığı öğütülmüş kimyon

¼ fincan kıyılmış taze kişniş

1. Tavuktan, kurutulmuş New Mexico ve ancho chiles'ın saplarını ve tohumlarını çıkarın. Büyük bir tavayı orta ateşte ısıtın. Tostu bir tavada 1 ila 2 dakika veya hoş kokulu ve hafifçe kızarana kadar kızartın. Közlenmiş biberleri küçük bir kaseye koyun; kaynayan suyu tencereye ekleyin. En az 10 dakika veya kullanıma hazır olana kadar bırakın.

2. Izgarayı önceden ısıtın. Bir fırın tepsisini kağıtla kaplayın; 1 yemek kaşığı zeytinyağını kağıt üzerine fırçalayın. Soğan ve domates dilimlerini tavaya koyun. Isıdan yaklaşık 4 inç 6 ila 8 dakika veya yumuşayana ve kabarcıklı olana kadar pişirin. Biberleri suyunu bırakarak süzün.

3. Turşuyu yapmak için acı biber, soğan, domates, sarımsak, kimyon ve kekiği bir blender veya mutfak robotunda birleştirin. Örtün ve pürüzsüz olana kadar karıştırın veya işleyin, püre haline getirmek ve istenen kıvama ulaşmak için gerektiği kadar ayrılmış su ekleyin.

4. Tavuğu sığ bir tabakta büyük, ağzı kapatılabilir bir plastik torbaya koyun. Turşuyu torbadaki tavuğun üzerine dökün ve eşit şekilde kaplamak için torbayı ters çevirin. Torbayı ara sıra çevirerek buzdolabında 2 ila 4 saat marine edin.

5. Salata için geniş bir kapta kavun, bal, mango, limon suyu, kalan 2 yemek kaşığı zeytinyağı, toz kırmızı biber, kimyon ve kişnişi karıştırın. Kapatmak için at. Örtün ve 1 ila 4 saat soğumaya bırakın.

6. Kömürlü Barbekü: Orta derecede sıcak kömürleri bir damlama kabının etrafına yerleştirin. Tavada orta ateşte

deneyin. Turşuyu ayırarak tavuğu boşaltın. Tavuğu damlama tepsisinin üzerindeki ızgaraya yerleştirin. Tavuğu, ayrılmış turşunun bir kısmıyla cömertçe fırçalayın (fazladan turşuyu atın). Örtün ve 50 dakika veya tavuk artık pembe olmayana kadar (175°F) ızgara yapın, pişirmenin yarısında bir kez çevirin. (Gazlı ızgara için ızgarayı önceden ısıtın. Isıyı orta seviyeye düşürün. Dolaylı pişirme için ayarlayın. Talimatlara uygun olarak tavuğu kapalı ocağa koyun.) Tavuk butlarını salata ile servis edin.

SALATALIK RAITA ILE TANDIR USULÜ TAVUK BUDU

HAZIRLIK:Marine 20 dakika: 2 ila 24 saat Kızartma: 25 dakika İçecekler: 4 porsiyon

RAITA KAJU FISTIĞI ILE YAPILIRKREMA, LIMON SUYU, NANE, KIŞNIŞ VE SALATALIK. SICAK VE BAHARATLI TAVUĞA SERINLETICI BIR KONTRPUAN SAĞLAR.

TAVUK

1 soğan, ince dilimler halinde kesin

1 5 cm parça taze zencefil, soyulmuş ve dörde bölünmüş

4 diş sarımsak

3 yemek kaşığı zeytinyağı

2 yemek kaşığı taze limon

1 yemek kaşığı öğütülmüş kimyon

1 yemek kaşığı öğütülmüş zerdeçal

½ çay kaşığı toz biber

½ çay kaşığı öğütülmüş tarçın

½ çay kaşığı karabiber

¼ çay kaşığı acı biber

8 adet tavuk budu

SALATALIK

1 su bardağı kaju kreması (bkz.<u>yemek tarifi</u>)

1 yemek kaşığı taze limon

1 yemek kaşığı kıyılmış taze nane

1 yemek kaşığı kıyılmış taze kişniş

½ çay kaşığı öğütülmüş kimyon

⅛ çay kaşığı karabiber

1 orta boy salatalık, soyulmuş, çekirdekleri çıkarılmış ve doğranmış (1 su bardağı)

Limon dilimleri

1. Soğan, zencefil, sarımsak, zeytinyağı, limon suyu, kimyon, zerdeçal, biber, tarçın, karabiber ve acıyı bir blender veya mutfak robotunda karıştırın. Pürüzsüz olana kadar örtün ve karıştırın veya işleyin.

2. Her bageti bir bıçağın ucuyla dört veya beş kez delin. Bagetleri büyük bir kapta yeniden kapatılabilir büyük bir plastik torbaya koyun. Soğan karışımı ekleyin; ceketi ters çevirin. Torbayı ara sıra çevirerek buzdolabında 2 ila 24 saat marine edin.

3. Tavukları önceden ısıtın. Tavuğu marinattan çıkarın. Bagetlerdeki fazla turşuyu mutfak kağıdıyla silin. Bagetleri ısıtılmamış bir tavaya veya folyo ile kaplı fırın tepsisine yerleştirin. 15 dakika boyunca ısı kaynağından 6 ila 8 inç kızartın. Davul çevirin; yaklaşık 10 dakika veya tavuk artık pembe olmayana (175°F) kadar kavurun.

4. Raita için kaju kreması, limon suyu, nane, kişniş, kimyon ve karabiberi orta boy bir kapta karıştırın. Salatalığı yavaşça karıştırın.

5. Tavuğu raita ve limon dilimleri ile servis edin.

KÖRILI TAVUK, KÖK SEBZELER, KUŞKONMAZ VE YEŞIL ELMA ILE NANE SOS ILE

HAZIRLIK:30 dakika pişirme: 35 dakika ayakta: 5 dakika yapma: 4 porsiyon

2 yemek kaşığı rafine hindistan cevizi yağı veya zeytinyağı

2 pound kemikli tavuk göğsü, istenirse derisi üzerinde

1 bardak doğranmış soğan

2 yemek kaşığı rendelenmiş taze zencefil

2 yemek kaşığı kıyılmış sarımsak

2 yemek kaşığı tuzsuz toz köri

2 yemek kaşığı doğranmış ve çekirdekleri çıkarılmış jalapeno biberi (bkz.uç)

4 su bardağı tavuk kemiği suyu (bkz.yemek tarifi) veya tuzsuz tavuk suyu

2 orta boy tatlı patates (yaklaşık 1 kilo), soyulmuş ve doğranmış

2 orta boy şalgam (yaklaşık 6 ons), soyulmuş ve doğranmış

1 su bardağı domates, tohumlanmış ve dilimlenmiş

8 ons kuşkonmaz, kesilmiş ve 1 inçlik parçalar halinde kesilmiş

1 13,5 ons doğal hindistan cevizi sütü (Nature's Way gibi)

½ su bardağı kıyılmış taze kişniş

Apple Nane Relish (bkz.yemek tarifi, altında)

Dosya takozları

1. Yağı 6 litrelik bir Hollanda fırınında orta ateşte ısıtın. Kızgın yağda partiler halinde tavuğu kahverengileştirin, yaklaşık 10 dakika eşit şekilde kızarın. Tavuğu bir tabağa koyun; bir kenara bırakmak

2. Isıyı ortama çevirin. Tencereye soğan, zencefil, sarımsak, köri tozu ve jalapeno ekleyin. Pişirin ve 5 dakika veya soğan yumuşayana kadar karıştırın. Tavuk kemiği suyu, tatlı patates, şalgam ve domatesi ilave edip karıştırın. Tavuğu mümkün olduğu kadar fazla sıvıya batırdığınızdan emin olarak tavuk parçalarını tavaya geri koyun. Isıyı orta

seviyeye indirin. Örtün ve 30 dakika veya tavuk artık pembeleşene ve sebzeler yumuşayana kadar pişirin. Kuşkonmaz, hindistan cevizi sütü ve kişniş ekleyin. Ateşten alın. 5 dakika bekletin. Gerekirse tavuğu kemiklerinden ayırarak tabaklara eşit şekilde bölün. Apple-Nane Relish ve limon dilimleri ile servis yapın.

Elma-Nane Relish: Bir mutfak robotunda, ½ fincan şekersiz hindistancevizi pullarını toz haline getirin. 1 su bardağı taze kişniş yaprağı ekleyin ve buharlayın; 1 su bardağı taze nane yaprağı; 1 Granny Smith elması, çekirdekleri çıkarılmış ve doğranmış; 2 yemek kaşığı ince kıyılmış jalapeno biberi (bkz.uç); ve 1 yemek kaşığı taze limon suyu. İnce kıyılmış olana kadar nabız atın.

IZGARA AHUDUDU, PANCAR VE KIZARMIŞ BADEMLI TAVUK PAILLARD SALATASI

HAZIRLIK:30 dakika kızartma: 45 dakika marine etme: 15 dakika kızartma: 8 dakika yapma: 4 porsiyon

½ su bardağı bütün badem

1 buçuk yemek kaşığı zeytinyağı

1 orta boy pancar

1 orta boy altın pancar

2 6 ila 8 ons kemiksiz, derisiz yarım tavuk göğsü

2 su bardağı taze veya dondurulmuş ahududu, çözülmüş

3 yemek kaşığı beyaz veya kırmızı şarap sirkesi

2 yemek kaşığı kıyılmış taze tarhun

1 yemek kaşığı ince kıyılmış maydanoz

1 yemek kaşığı Dijon usulü hardal (bkz.<u>yemek tarifi</u>)

¼ su bardağı zeytinyağı

Karabiber

8 su bardağı bahar karışımı marul

1. Bademler için fırını 200°C'ye ısıtın. Bademleri küçük bir fırın tepsisine yayın ve üzerine yarım çay kaşığı zeytinyağı gezdirin. Yaklaşık 5 dakika veya kokulu ve altın rengi olana kadar pişirin. Soğumaya bırakın. (Bademler 2 gün önceden kızartılıp hava almayan bir kapta saklanabilir).

2. Pancarlar için her pancarı küçük bir folyo parçasına koyun ve yarım çay kaşığı zeytinyağı ile karıştırın. Folyoyu pancarların etrafına sarın ve bir fırın tepsisine veya bir fırın tepsisine yerleştirin. Pancarları 400°F fırında 40 ila 50 dakika veya bıçakla delinene kadar yumuşayana kadar kızartın. Fırından çıkarın ve işlenecek kadar soğuyana kadar bekletin. Cildi bir bıçakla çıkarın. Pancarı parçalara

ayırın ve bir kenara koyun. (Kırmızı pancarların altın pancarları renklendirmemesi için pancarları birbirine karıştırmaktan kaçının. Pancarlar 1 gün önceye kadar kavrulup soğutulabilir. Servis yapmadan önce oda sıcaklığına getirin.)

3. Tavuk için, her bir tavuk göğsünü yatay olarak ikiye bölün. Her bir tavuk parçasını iki parça streç film arasına yerleştirin. Bir et tokmağı kullanarak, ¾ inç kalınlığa kadar hafifçe dövün. Tavuğu sığ bir tabağa koyun ve bir kenara koyun.

4. Salata sosu için, büyük bir kapta ¾ fincan ahududuları bir blender ile hafifçe püre haline getirin (kalan ahududuları salata için ayırın). Sirke, tarhun, arpacık soğanı ve Dijon hardalı ekleyin; karıştırmak için karıştırın. İnce bir akıntı halinde ¼ fincan zeytinyağı ekleyin ve iyice karıştırmak için çırpın. Tavuğun üzerine ½ su bardağı salata sosu dökün; tavuğu ters çevirin (kalan salata sosunu salata için ayırın). Tavuğu oda sıcaklığında 15 dakika marine edin. Tavuğu turşudan çıkarın ve üzerine karabiber serpin; tabakta kalan turşuyu atın.

5. Kömürlü veya gazlı ızgara için tavuğu doğrudan orta ateşte ızgaraya yerleştirin. Örtün ve 8 ila 10 dakika veya tavuk artık pembeleşene kadar ızgara yapın, ızgaranın yarısında dönün. (Tavuk mutfakta ızgarada da pişirilebilir).

6. Marul, pancar ve kalan 1¼ bardak ahududuları büyük bir kapta birleştirin. Ayrılmış salata suyunu salatanın üzerine dökün; örtmek için hafifçe fırlatın. Salatayı dört servis kasesine paylaştırın; ayrıca bir parça ızgara tavuk göğsü.

Kızarmış bademleri doğrayın ve bütün olarak atın. Hemen servis yapın.

BROKOLI RABE DOLDURULMUŞ TAVUK GÖĞSÜ, TAZE DOMATES SOS VE SEZAR SALATA ILE

HAZIRLIK:40 dakika pişirme: 25 dakika yapma: 6 porsiyon

3 yemek kaşığı zeytinyağı

2 yemek kaşığı kıyılmış sarımsak

¼ çay kaşığı kırmızı biber

1 pound brokoli raab, kesilmiş ve doğranmış

½ su bardağı kükürt içermeyen altın kuru üzüm

½ su bardağı su

4 5 ila 6 ons derisiz, kemiksiz yarım tavuk göğsü

1 bardak doğranmış soğan

3 su bardağı doğranmış domates

¼ fincan taze fesleğen

2 yemek kaşığı kırmızı şarap sirkesi

3 yemek kaşığı taze limon suyu

2 yemek kaşığı Paleo Mayo (bkz.<u>yemek tarifi</u>)

2 yemek kaşığı Dijon usulü hardal (bkz.<u>yemek tarifi</u>)

1 çay kaşığı kıyılmış sarımsak

½ çay kaşığı karabiber

¼ su bardağı zeytinyağı

10 su bardağı rendelenmiş marul

1. Büyük bir tavada 1 yemek kaşığı zeytinyağını orta ateşte ısıtın. Sarımsak ve ezilmiş kırmızı biber ekleyin; pişirin ve 30 saniye veya kokulu olana kadar karıştırın. Doğranmış brokoli, kuru üzüm ve ½ su bardağı suyu ekleyin. Örtün ve yaklaşık 8 dakika veya brokoli soluncaya ve yumuşayana kadar pişirin. Kapağı tavadan çıkarın; fazla suyun buharlaşmasına izin verin. Bir kenara bırak.

2. Rulo yapmak için tavuk göğsünü uzunlamasına ikiye bölün; her parçayı iki plastik parçanın arasına yerleştirin. Bir et tokmağının düz tarafını kullanarak tavuğu yaklaşık bir inç kalınlığında inceltin. Her rulo için, kısa uçlardan birine yaklaşık ¼ fincan brokoli-raab karışımı koyun; dolguyu tamamen kapatmak için yanları toplayın ve katlayın. (Rulolar 1 gün önceden yapılıp pişene kadar buzdolabında bekletilebilir).

3. Büyük bir tavada 1 yemek kaşığı zeytinyağını orta ateşte ısıtın. Tekerlekleri ekleyin, aşağı doğru dikin. Pişirme sırasında iki veya üç kez çevirerek yaklaşık 8 dakika veya her tarafı kızarana kadar pişirin. Ruloları bir tabağa alın.

4. Sos için tavada kalan zeytinyağından 1 çorba kaşığı orta ateşte ısıtın. Soğanı ekleyin; yaklaşık 5 dakika veya yarı saydam olana kadar pişirin. Domates ve fesleğeni katıp karıştırın. Ruloları tavadaki sosun üzerine yerleştirin. Orta ateşte kaynatın; ısıyı azaltmak Örtün ve 5 dakika veya domatesler parçalanmaya başlayana kadar pişirin, ancak şeklini koruyun ve turlar tamamen ısıtın.

5. Süslemek için küçük bir kasede limon suyu, Paleo Mayo, Dijon hardalı, sarımsak ve karabiberi çırpın. ¼ fincan zeytinyağı dökün ve emülsifiye olana kadar çırpın. Sosu büyük bir kapta doğranmış romaine ile karıştırın. Marulları altı servis kasesine paylaştırın. Ruloları kesin ve marulun üstüne yerleştirin; domates sosu gezdirin.

BAHARATLI SEBZELER VE ISPANAK GARNITÜRLÜ IZGARA TAVUK SHAWARMA DÜRÜMLERI

HAZIRLIK:Marine 20 dakika: Izgara 30 dakika: 10 dakika Yapılışı: 8 dürüm (4 kişilik)

1½ pound derisiz, kemiksiz tavuk göğsü yarım, 2 inçlik parçalar halinde kesilmiş

5 yemek kaşığı zeytinyağı

2 yemek kaşığı taze limon

1¾ çay kaşığı öğütülmüş kimyon

1 çay kaşığı kıyılmış sarımsak

1 çay kaşığı kırmızı biber

½ çay kaşığı köri tozu

½ çay kaşığı öğütülmüş tarçın

¼ çay kaşığı acı biber

1 orta boy kabak, ikiye bölünmüş

½ cm dilimler halinde kesilmiş 1 küçük patlıcan

1 büyük sarı biber, ikiye bölünmüş ve çekirdekleri çıkarılmış

1 orta boy kırmızı soğan, dörde bölünmüş

8 çeri domates

8 büyük marul yaprağı

Kızarmış çam fıstığı ile sos (bkz.yemek tarifi)

Limon dilimleri

1. Turşuyu hazırlamak için küçük bir kasede 3 yemek kaşığı zeytinyağı, limon suyu, 1 yemek kaşığı kimyon, sarımsak, ½ çay kaşığı kırmızı biber, köri tozu, ¼ çay kaşığı tarçın ve karabiberi karıştırın. Tavuk parçalarını sığ bir tabakta büyük bir plastik torbaya koyun. Marinayı tavuğun üzerine dökün. Mühür torbası; çanta değiştirme ceketi Torbayı ara sıra çevirerek buzdolabında 30 dakika marine edin.

2. Tavuğu turşudan çıkarın; turşuyu dökün Tavuğu dört uzun şişin üzerine yerleştirin.

3. Kabak, patlıcan, biber ve soğanı bir tepsiye alın. 2 yemek kaşığı zeytinyağı ile gezdirin. Kalan ¾ çay kaşığı kimyon, kalan ½ çay kaşığı kırmızı biber ve kalan ¼ çay kaşığı tarçın ile; sebzeleri hafifçe ovalayın. Domatesleri iki şiş üzerine yerleştirin.

3. Kömür veya gazlı ızgara için tavuk ve domates kebaplarını ve sebzeleri orta ateşte ızgaraya yerleştirin. Tavuğun pembeliği kaybolana ve sebzeler hafifçe kömürleşip yumuşayana kadar üzerini örtün ve ızgara yapın, bir kez çevirin. Tavuk için 10-12 dakika, sebzeler için 8-10 dakika ve domatesler için 4 dakika bekleyin.

4. Tavukları şişlerden çıkarın. Tavuğu parçalara ayırın ve kabağı, patlıcanı ve biberi küçük parçalar halinde kesin. Domatesleri şişlerden çıkarın (doğramayın). Tavukları ve sebzeleri bir tabağa dizin. Servis yapmak için bir marul yaprağına biraz tavuk ve sebze atın; kızarmış çam fıstığı serpin. Limon dilimleri ile servis yapın.

FIRINDA MANTARLI TAVUK GÖĞSÜ, KARNABAHAR SARIMSAK PÜRESI VE KAVRULMUŞ KUŞKONMAZ

BITIRMEK IÇIN BAŞLA:50 dakika yapar: 4 porsiyon

4 10 ila 12 ons kemikli yarım tavuk göğsü, derisi açık

3 su bardağı küçük beyaz mantar

1 su bardağı ince dilimlenmiş pırasa veya sarı soğan

2 su bardağı tavuk kemiği suyu (bkz.<u>yemek tarifi</u>) veya tuzsuz tavuk suyu

1 bardak sek beyaz şarap

1 büyük demet taze kekik

Karabiber

Beyaz şarap sirkesi (isteğe bağlı)

1 karnabahar, çiçeklerine ayrılmış

12 diş sarımsak, soyulmuş

2 yemek kaşığı zeytinyağı

Beyaz biber veya acı biber

1 pound kuşkonmaz, doğranmış

2 yemek kaşığı zeytinyağı

1. Fırını 400°F'ye ısıtın. Tavuk göğsünü 3 litrelik dikdörtgen bir fırın tepsisine yerleştirin; üstüne mantar ve pırasa. Tavuk kemik suyu ve şarabı tavuk ve sebzelerin üzerine dökün. Kekik serpin ve karabiber serpin. Plakayı folyo ile örtün.

2. 35 ila 40 dakika veya tavuk kayıtlarına anında okunan bir termometre 170°F'ye girene kadar pişirin. Kekik dallarını çıkarın ve atın. İstenirse, servis yapmadan önce pişirme sıvısına biraz sirke ekleyin.

2. Bu arada büyük bir tencerede karnabahar ve sarımsağı yeterince kaynar suda yaklaşık 10 dakika veya

yumuşayana kadar pişirin. Karnabahar ve sarımsağı süzün, pişirme sıvısından 2 yemek kaşığı ayırın. Karnabaharı ve ayrılmış pişirme sıvısını bir mutfak robotuna veya büyük bir karıştırma kabına koyun. Pürüzsüz olana kadar işleyin* veya bir patates ezici ile ezin; 2 yemek kaşığı zeytinyağında çırpın ve beyaz biberle tatlandırın. Servis yapmaya hazır olana kadar sıcak tutun.

3. Kuşkonmazı bir fırın tepsisine tek kat halinde yerleştirin. 2 yemek kaşığı zeytinyağı ile gezdirin ve kaplamak için fırlatın. Karabiber serpin. 400°F fırında 8 dakika veya gevrek olana kadar bir kez karıştırarak pişirin.

4. Karnabahar püresini altı servis kasesine paylaştırın. Tavuk, mantar ve pırasa ile doldurun. Pişirme sıvısı ile atın; kavrulmuş kuşkonmaz ile servis yapın.

*Not: Bir mutfak robotu kullanıyorsanız, fazla işlememeye dikkat edin, aksi takdirde karnabahar çok ince olur.

TAY USULÜ TAVUK ÇORBASI

HAZIRLIK:30 dakika dondurun: 20 dakika pişirin: 50 dakika Yapar: 4 ila 6 porsiyon.

DEMIRHINDI EKŞI VE MISK KOKULU BIR MEYVEDIRHINT, TAYLAND VE MEKSIKA MUTFAĞINDA KULLANILIR. TICARI OLARAK HAZIRLANMIŞ BIRÇOK DEMIRHINDI EZMESI ŞEKER IÇERIR; OLMAYAN BIR TANE ALDIĞINIZDAN EMIN OLUN. KAFFIR MISKET LIMONU YAPRAKLARI ÇOĞU ASYA PAZARINDA TAZE, DONDURULMUŞ VE KURUTULMUŞ OLARAK BULUNABILIR. BULAMIYORSANIZ, BU TARIFTEKI YAPRAKLAR YERINE 1 ½ YEMEK KAŞIĞI INCE RENDELENMIŞ LIMON KABUĞU RENDESI KULLANIN.

2 sap limon otu, doğranmış

2 yemek kaşığı rafine hindistan cevizi yağı

½ fincan ince dilimler halinde dilimleyin

3 büyük diş sarımsak, ince dilimlenmiş

8 su bardağı tavuk kemiği suyu (bkz.<u>yemek tarifi</u>) veya tuzsuz tavuk suyu

¼ su bardağı şeker ilavesiz demirhindi ezmesi (Tamicon markası gibi)

2 yemek kaşığı nori gevreği

3 taze Tay biberi, ince dilimlenmiş ve bütün tohumlarla birlikte (bkz.<u>uç</u>)

3 kafir misket limonu yaprağı

İnce dilimlenmiş 3 inçlik bir parça zencefil

4 6 ons derisiz, kemiksiz yarım tavuk göğsü

1 14,5 ons tuz eklenmemiş doğranmış domates, süzülmemiş

6 ons ince kuşkonmaz mızrakları, kesilmiş ve çapraz olarak ½ inçlik parçalar halinde kesilmiş

½ fincan kıyılmış Tay fesleğen yaprağı (bkz.<u>Not</u>)

1. Limon otunu bıçağın arkasıyla sıkıca bastırın. Çürümüş sapları ince ince doğrayın.

2. Hindistan cevizi yağını bir tavada orta ateşte ısıtın. Limon otu ve yeşil soğan ekleyin; sık sık karıştırarak 8 ila 10 dakika pişirin. Sarımsağı ekleyin; pişirin ve 2 ila 3 dakika veya çok kokulu olana kadar karıştırın.

3. Tavuk kemik suyu, demirhindi ezmesi, nori gevreği, acı biber, ıhlamur yaprağı ve zencefili ekleyin. kaynatın; ısıyı azaltmak Örtün ve 40 dakika pişirin.

4. Bu sırada tavuğu 20-30 dakika veya sertleşene kadar dondurun. Tavuğu ince dilimler halinde kesin.

5. Çorbayı ince gözenekli bir süzgeçten geçirerek büyük bir tencereye süzün ve tatların salınması için büyük bir kaşığın arkasını kullanın. Katıları atın. Çorbayı kaynatın. Tavuğu, süzülmüş domatesleri, kuşkonmazı ve fesleğeni ilave edin. Isıyı azaltın; açıkta 2 ila 3 dakika veya tavuk tamamen pişene kadar pişirin. Hemen servis yapın.

LIMON VE ADAÇAYI HINDIBA ILE KAVRULMUŞ TAVUK

HAZIRLIK:15 dakika sigara içme: 55 dakika ayakta: 5 dakika yapma: 4 porsiyon

LIMON DILIMLERI VE ADAÇAYI YAPRAĞITAVUĞUN DERISININ ALTINA YERLEŞTIRILIR, ET PIŞERKEN BAHARATLANIR VE FIRINDAN ÇIKTIKTAN SONRA ÇITIR ÇITIR, OPAK DERININ ALTINDA GÖZ ALICI BIR TASARIM OLUŞTURULUR.

4 kemikli yarım tavuk göğsü (derisi üzerinde)

1 limon, çok ince dilimlenmiş

4 büyük adaçayı yaprağı

2 yemek kaşığı zeytinyağı

2 yemek kaşığı Akdeniz otu (bkz.<u>yemek tarifi</u>)

½ çay kaşığı karabiber

2 yemek kaşığı sızma zeytinyağı

2 arpacık, dilimlenmiş

2 diş sarımsak, kıyılmış

4 hindiba, uzunlamasına ikiye bölünmüş

1. Fırını 400°F'ye ısıtın. Bir bıçak kullanarak, deriyi her meme yarısından dikkatlice ayırın ve bir kenarda bırakın. Her göğüs etinin üzerine 2 limon dilimi ve 1 adaçayı yaprağı koyun. Cildi nazikçe yerine geri çekin ve sabitlemek için hafifçe bastırın.

2. Tavuğu sığ bir tavaya koyun. Tavuğu 2 yemek kaşığı zeytinyağı ile fırçalayın; Akdeniz otları ve ¼ çay kaşığı biber serpin. Kapaksız, yaklaşık 55 dakika veya cilt kızarana ve gevrekleşene ve tavuk kayıtlarına 170 ° F'lik anında okunan bir termometre yerleştirilene kadar

kızartın. Servis yapmadan önce tavuğu 10 dakika dinlendirin.

3. Bu arada, büyük bir tavada 2 yemek kaşığı zeytinyağını orta ateşte ısıtın. Arpacık ekleyin; yaklaşık 2 dakika veya yarı saydam olana kadar pişirin. Hindibayı kalan ¼ çay kaşığı biberle serpin. Tavaya sarımsak ekleyin. Hindibayı bir tavaya koyun, kenarlarını aşağı doğru kesin. Yaklaşık 5 dakika veya kızarana kadar pişirin. Hindibayı dikkatlice çevirin; 2 ila 3 dakika daha veya tamamen pişene kadar pişirin. tavuk ile servis yapın.

ARPACIK, SU TERESI VE TURPLU TAVUK

HAZIRLIK:20 dakika pişirme: 8 dakika pişirme: 30 dakika yapma: 4 porsiyon

TURP PIŞIRMEK GARIP GELSE DE,BURADA ZAR ZOR PIŞIRILIRLER, SADECE BIBERLI ISIRIKLARINI YUMUŞATMAYA VE BIRAZ YUMUŞATMAYA YETECEK KADAR.

3 yemek kaşığı zeytinyağı

4 10 ila 12 ons kemikli yarım tavuk göğsü (derisi üzerinde)

1 yemek kaşığı limon otu çeşnisi (bkz.<u>yemek tarifi</u>)

¾ su bardağı dilimlenmiş dana eti

6 turp, ince dilimlenmiş

¼ çay kaşığı karabiber

½ su bardağı sek beyaz vermut veya sek beyaz şarap

⅓ fincan kaju kreması (bkz.<u>yemek tarifi</u>)

1 demet su teresi, sapları ayıklanmış, iri kıyılmış

1 yemek kaşığı kıyılmış taze dereotu

1. Fırını 350°F'ye ısıtın. Zeytinyağını büyük bir tavada orta ateşte ısıtın. Tavuğu mutfak kağıdıyla kurulayın. Tavuğu deri tarafı aşağı gelecek şekilde 4 ila 5 dakika veya cilt altın rengi kahverengi ve gevrek olana kadar kızartın. tavuğu çevir; yaklaşık 4 dakika veya kızarana kadar pişirin. Tavuğu derisi yukarı gelecek şekilde bir fırın tepsisine yerleştirin. Tavuğu limon ot baharatıyla serpin. Yaklaşık 30 dakika veya tavuğa yerleştirilen anında okunan bir termometre 170 ° F'yi okuyana kadar pişirin.

2. Bu arada tavadan biri hariç hepsini dökün; tavayı tekrar ateşe verin. Taze soğan ve turp ekleyin; yaklaşık 3 dakika veya arpacık soğanı soluncaya kadar pişirin. Karabiberi

atın. Kızarmış parçaları yakalamak için karıştırarak vermutu ekleyin. kaynatın; azalana ve hafifçe kalınlaşana kadar pişirin. Kaju kremasını karıştırın; kaynamak Tavayı ocaktan alın; su teresi ve dereotu ekleyin, su teresi soluncaya kadar hafifçe karıştırın. Ortaya çıkan tavuk sularını pişirme kabında karıştırın.

3. Soğan karışımını dört servis kasesine paylaştırın; üstelik tavuk.

TAVUK TIKKA MASALA

HAZIRLIK:30 dakika Marine: 4 ila 6 saat Pişirme: 15 dakika Kızartma: 8 dakika Yapılışı: 4 porsiyon

BU, POPÜLER BIR HINT YEMEĞINDEN ESINLENMIŞTIR.BELKI DE HINDISTAN'DA DEĞIL, BIRLEŞIK KRALLIK'TA BIR HINT RESTORANINDA YAPILMIŞTIR. GELENEKSEL TAVUK TIKKA MASALA, TAVUĞU YOĞURTTA MARINE ETMEYI VE ARDINDAN ÜZERINE KREMA GEZDIRILMIŞ BAHARATLI DOMATES SOSUNDA PIŞIRMEYI IÇERIR. SOSUN LEZZETINI SULANDIRACAK SÜT IÇERMEYEN BU VERSIYON ÖZELLIKLE TEMIZ BIR TADA SAHIPTIR. PILAV YERINE ÇITIR KABAK ERIŞTESI ILE SERVIS EDILIR.

1½ pound derisiz, kemiksiz tavuk butları veya yarım tavuk göğsü

¾ fincan doğal hindistan cevizi sütü (Nature's Way gibi)

6 diş sarımsak, kıyılmış

1 yemek kaşığı rendelenmiş taze zencefil

1 yemek kaşığı öğütülmüş kişniş

1 çay kaşığı kırmızı biber

1 yemek kaşığı öğütülmüş kimyon

¼ çay kaşığı kakule

4 yemek kaşığı rafine hindistan cevizi yağı

1 su bardağı doğranmış havuç

1 ince dilim kereviz

½ bardak doğranmış soğan

2 jalapeño veya serrano biber, çekirdekleri çıkarılmış (istenirse) ve ince kıyılmış (bkz.uç)

1 14,5 ons tuz eklenmemiş doğranmış domates, süzülmemiş

1 8 ons tuzsuz domates sosu

1 çay kaşığı tuzsuz garam masala

3 orta boy kabak

½ çay kaşığı karabiber

1. Tavuk budu kullanıyorsanız, her budu üç parçaya bölün. Yarım tavuk kullanıyorsanız, her bir göğüs yarısını 5 cm'lik parçalar halinde kesin, kalın parçaları daha ince yapmak için yatay olarak ikiye bölün. Tavuğu büyük, yeniden kapatılabilir bir plastik torbaya koyun; bir kenara bırakmak Turşuyu yapmak için küçük bir kapta ½ bardak hindistan cevizi sütü, sarımsak, zencefil, kişniş, kırmızı biber, kimyon ve kakuleyi karıştırın. Turşuyu poşetteki tavuğun üzerine dökün. Torbayı kapatın ve tavuğu kaplamak için çevirin. Torbayı orta boy bir kaseye yerleştirin; Torbayı ara sıra çevirerek buzdolabında 4 ila 6 saat marine edin.

2. Tavukları önceden ısıtın. Büyük bir tavada 2 yemek kaşığı hindistancevizi yağını orta ateşte ısıtın. Havuç, kereviz ve soğan ekleyin; ara sıra karıştırarak 6 ila 8 dakika veya sebzeler yumuşayana kadar pişirin. Jalapenos ekleyin; 1 dakika daha karıştırarak pişirin. Süzülmemiş domatesleri ve domates sosunu ekleyin. kaynatın; ısıyı azaltmak Açıkta yaklaşık 5 dakika veya sos hafifçe kalınlaşana kadar pişirin.

3. Tavuğu süzün ve turşuyu dökün. Tavuk parçalarını ısıtılmamış ızgara üzerine tek kat halinde yerleştirin. 8 ila 10 dakika veya tavuk artık pembeleşene kadar 5 ila 6 inç arasında kızartın, kavurma işleminin yarısında bir kez çevirin. Pişmiş tavuk parçalarını ve kalan ¼ su bardağı hindistancevizi sütünü tavadaki domates karışımına ekleyin. 1 ila 2 dakika veya iyice ısınana kadar pişirin. Ateşten alın; garam masala'yı karıştırın.

4. Kabakların uç kısımlarını kesin. Kabakları jülyen bıçakla uzun ince şeritler halinde kesin. Büyük bir tavada kalan 2 yemek kaşığı hindistancevizi yağını orta ateşte ısıtın. Kabak şeritlerini ve karabiberi ekleyin. 2 ila 3 dakika veya kabak gevrek ve yumuşayana kadar pişirin ve karıştırın.

5. Kabakları dört servis tabağına paylaştırın. Tavuk karışımına ek olarak. Kişniş yaprakları ile süsleyin.

RAS EL HANOUT TAVUK BUTLARI

HAZIRLIK:20 dakika pişirme: 40 dakika yapma: 4 porsiyon

RAS EL HANOUT KARMAŞIKTIRVE EGZOTIK FAS BAHARAT KARIŞIMLARI. BU IFADE, ARAPÇA'DA "DÜKKÂN SAHIBI" ANLAMINA GELIR VE BAHARAT SATICISININ SUNULAN EN IYI BAHARATLARIN ÖZEL BIR KARIŞIMINA SAHIP OLDUĞUNU IMA EDER. RAS EL HANOUT IÇIN ÖZEL BIR TARIF YOKTUR, ANCAK ZENCEFIL, ANASON, TARÇIN, KÜÇÜK HINDISTAN CEVIZI, KARABIBER, KARANFIL, KAKULE, KURU ÇIÇEKLER (LAVANTA VE GÜL GIBI), ÇÖREK OTU, TOPUZ, HAVLICAN VE ZERDEÇAL KARIŞIMI IÇERIR.

1 yemek kaşığı öğütülmüş kimyon

2 yemek kaşığı öğütülmüş zencefil

1 buçuk çay kaşığı karabiber

1 ½ çay kaşığı öğütülmüş tarçın

1 yemek kaşığı öğütülmüş kişniş

1 çay kaşığı acı biber

1 yemek kaşığı toz biber

½ çay kaşığı öğütülmüş tahıl

¼ çay kaşığı öğütülmüş hindistan cevizi

1 çay kaşığı safran (isteğe bağlı)

4 yemek kaşığı rafine hindistan cevizi yağı

8 kemikli tavuk budu

1 8 onsluk paket taze mantar, dilimlenmiş

1 bardak doğranmış soğan

1 su bardağı doğranmış kırmızı, sarı veya yeşil biber (1 büyük)

4 Roma domatesi, çekirdekleri çıkarılmış, çekirdekleri çıkarılmış ve doğranmış

4 diş sarımsak, ince kıyılmış

2 13,5 onsluk doğal hindistan cevizi sütü kutusu (Nature's Way gibi)

3 ila 4 yemek kaşığı taze limon suyu

¼ bardak taze kişniş, ince kıyılmış

1. Ras el hanout için kimyon, zencefil, karabiber, tarçın, kişniş, yenibahar, yenibahar, karanfil, hindistan cevizi ve istenirse safranı orta boy bir havanda veya küçük bir kapta karıştırın. İyice karıştırmak için bir tokmak veya kaşıkla karıştırın. Bir kenara bırak.

2. Büyük bir tavada 2 yemek kaşığı hindistancevizi yağını orta ateşte ısıtın. 1 yemek kaşığı ras el hanout ile tavuk baldırlarını serpin. Tavaya tavuk ekleyin; 5 ila 6 dakika veya kızarana kadar pişirin, pişirme işleminin yarısında bir kez çevirin. Tavuğu tavadan çıkarın; sıcak kalmak

3. Aynı tavada kalan 2 yemek kaşığı hindistancevizi yağını orta ateşte ısıtın. Mantar, soğan, biber, domates ve sarımsağı ekleyin. Yaklaşık 5 dakika veya sebzeler yumuşayana kadar pişirin ve karıştırın. Hindistan cevizi sütü, limon suyu ve 1 yemek kaşığı ras el hanoutu karıştırın. Tavuğu tavaya geri koyun. kaynatın; ısıyı azaltmak Yaklaşık 30 dakika veya tavuk yumuşayana kadar (175°F) üzeri kapalı olarak pişirin.

4. Tavuğu, sebzeleri ve sosu kaselere servis edin. Kişniş ile süsleyin.

Not: Artıkları kapalı bir Ras el Hanout kabında bir aya kadar saklayın.

KIZARMIŞ ISPANAKLI YILDIZ MEYVELI ADOBO TAVUK UYLARI

HAZIRLIK:40 dakika marine edin: 4 ila 8 saat pişirin: 45 dakika Yapar: 4 porsiyon

GEREKIRSE TAVUĞU KURULAYINTAVADA KIZARMADAN ÖNCE KAĞIT HAVLU ILE MARINATTAN ÇIKARIN. ETIN ÜZERINDE KALAN SIVI, KIZGIN YAĞA ILAVE EDILIR.

8 kemikli tavuk budu (1½ ila 2 kilo), derisi açık

¾ fincan beyaz sirke veya elma şarabı

¾ su bardağı taze portakal suyu

½ su bardağı su

¼ bardak doğranmış soğan

¼ fincan kıyılmış taze kişniş

4 diş sarımsak, ince kıyılmış

½ çay kaşığı karabiber

1 yemek kaşığı zeytinyağı

1 yıldız meyve (carambola), dilimlenmiş

1 su bardağı tavuk kemiği suyu (bkz.<u>yemek tarifi</u>) veya tuzsuz tavuk suyu

2 9 onsluk paket taze ıspanak yaprağı

Taze kişniş yaprakları (isteğe bağlı)

1. Tavuğu paslanmaz çelik veya emaye bir tavaya koyun; bir kenara bırakmak Orta boy bir kapta sirke, portakal suyu, su, soğan, ¼ su bardağı kıyılmış kişniş, sarımsak ve biberi birleştirin; tavukların üzerine dökün. Örtün ve buzdolabında 4 ila 8 saat marine edin.

2. Hollandalı fırında, tavuk karışımını orta ateşte kaynatın; ısıyı azaltmak Örtün ve 35 ila 40 dakika veya tavuk artık pembe (175 ° F) olana kadar pişirin.

3. Yağı büyük bir tavada orta ateşte ısıtın. Tavuğu Hollanda
   fırından maşayla çıkarın ve pişirme sıvısının damlaması
   için hafifçe sallayın; yedek pişirme sıvısı. Tavuğun her
   tarafını kahverengileştirin, eşit şekilde kızarmak için sık
   sık çevirin.

4. Bu sırada sos için pişirme sıvısını süzün; Hollanda fırınına
   dönün. kaynatın. Hafifçe azaltmak ve kalınlaştırmak için
   yaklaşık 4 dakika pişirin; yıldız meyvesi ekleyin; 1 dakika
   daha pişirin. Tavuğu Hollandalı fırın sosuna geri koyun.
   Ateşten alın; sıcak tutmak için örtün.

5. Tavayı temizleyin. Tavuk kemik suyunu bir tavaya dökün.
   Orta ateşte kaynatın; ıspanağı karıştırın. Isıyı azaltın; 1 ila
   2 dakika veya ıspanak solana kadar sürekli karıştırarak
   pişirin. Delikli bir kaşık kullanarak ıspanakları servis
   tabağına alın. Tavuk ve sos ile. İstenirse kişniş yaprakları
   serpin.

CHIPOTLE MAYO ILE TAVUK POBLANO LAHANA TACOS

HAZIRLIK:Fırında 25 dakika: 40 dakika Yapılışı: 4 porsiyon

BU DAĞINIK AMA LEZZETLI TACOLARI SERVIS EDINYEMEK YERKEN LAHANA YAPRAĞINDAN DÜŞEN DOLGUYU ÇATALLA TOPLAMAK.

1 yemek kaşığı zeytinyağı

2 poblano şili, tohumlanmış (istenirse) ve ince kıyılmış (bkz.<u>uç</u>)

½ bardak doğranmış soğan

3 diş sarımsak, kıyılmış

1 yemek kaşığı tuzsuz toz biber

2 yemek kaşığı öğütülmüş kimyon

½ çay kaşığı karabiber

1 8 ons tuzsuz domates sosu

¾ fincan tavuk kemiği suyu (bkz.<u>yemek tarifi</u>) veya tuzsuz tavuk suyu

1 yemek kaşığı kurutulmuş Meksika kekik, kıyılmış

1 ila 1½ pound derisiz, kemiksiz tavuk uylukları

10 ila 12 orta ve büyük lahana yaprağı

Chipotle Paleo Mayo (bkz.<u>yemek tarifi</u>)

1. Fırını 350°F'ye ısıtın. Yağı büyük bir tavada orta ateşte ısıtın. Poblano chiles, soğan ve sarımsak ekleyin; 2 dakika karıştırarak pişirin. Pul biber, kimyon ve karabiberi karıştırın; 1 dakika daha pişirin ve karıştırın (baharatların yanmaması için gerekirse ısıyı azaltın).

2. Domates sosu, tavuk kemik suyu ve kekiği tavaya ekleyin. kaynatın. Tavuk butlarını dikkatlice domates karışımına yerleştirin. Tavayı bir kapakla örtün. Yaklaşık 40 dakika veya tavuk tamamen pişene kadar (175°F) pişirin, tavuğu yarıya kadar çevirin.

3. Tavuğu tavadan çıkarın; biraz soğu. Tavuğu iki çatal yardımıyla lokma büyüklüğünde parçalara ayırın. Doğranmış tavukları tavadaki domatesli karışıma ilave edin.

4. Tavuk karışımını servis etmek için lahana yapraklarının üzerine koyun; Chipotle Paleo Mayo ile üst.

HAVUÇ VE BOK CHOY ILE TAVUK GÜVEÇ

HAZIRLIK:15 dakika pişirme: 24 dakika ayakta: 2 dakika yapma: 4 porsiyon

BABY BOK CHOY ÇOK HASSASTIRVE HEMEN PIŞIRILEBILIR. GEVREK VE TAZE KALMASI IÇIN - SOLMUŞ VE ISLAK OLMAMASI IÇIN - SERVIS YAPMADAN ÖNCE SICAK, ÜSTÜ KAPALI BIR TAVADA (OCAKSIZ) 2 DAKIKADAN FAZLA BUHARDA PIŞIRILDIĞINDEN EMIN OLUN.

2 yemek kaşığı zeytinyağı

1 pırasa, dilimlenmiş (beyaz ve açık yeşil kısımları)

4 su bardağı tavuk kemiği suyu (bkz.yemek tarifi) veya tuzsuz tavuk suyu

1 bardak sek beyaz şarap

1 yemek kaşığı Dijon usulü hardal (bkz.yemek tarifi)

½ çay kaşığı karabiber

1 dal taze kekik

1¼ pound derisiz, kemiksiz tavuk baldırları, 1 inçlik parçalar halinde kesilmiş

Üstleri ile 8 ons bebek havuç, yıkanmış, kesilmiş ve uzunlamasına ikiye bölünmüş veya 2 orta boy havuç, açılı olarak dilimlenmiş

2 yemek kaşığı ince rendelenmiş limon kabuğu (kenara koyun)

1 yemek kaşığı taze limon

2 su bardağı bebek Çin lahanası

½ çay kaşığı kıyılmış taze kekik

1. Büyük bir tencerede 1 yemek kaşığı zeytinyağını orta ateşte ısıtın. Pırasaları kızgın yağda 3-4 dakika veya solana kadar pişirin. Tavuk kemiği suyu, şarap, Dijon usulü hardal, ¼ çay kaşığı biber ve bir kekik sapı ekleyin. kaynatın; ısıyı azaltmak 10 ila 12 dakika veya sıvı üçte bir oranında azalana kadar pişirin. Kekik dalını atın.

2. Bu sırada bir tavada kalan 1 yemek kaşığı zeytinyağını orta ateşte ısıtın. Tavuğu kalan ¼ çay kaşığı biberle serpin. Sıcak yağda ara sıra karıştırarak yaklaşık 3 dakika veya altın rengi kahverengi olana kadar kızartın. Gerekirse yağı boşaltın. Kıyılmış et suyu karışımını dikkatlice tencereye ekleyin, kahverengi parçaları sıyırın; havuç ekleyin. kaynatın; ısıyı azaltmak Açıkta 8 ila 10 dakika veya havuçlar yumuşayana kadar pişirin. Limon suyunu karıştırın. Çin lahanasını uzunlamasına ikiye bölün. (Bok choy kafaları büyükse dörde bölün.) Çin lahanasını tavuğun üzerine tavaya koyun. Örtün ve ocaktan alın; 2 dakika bekletin.

3. Yahniyi sığ kaselere koyun. Limon kabuğu rendesi ve ezilmiş kekik serpin.

MARUL DÜRÜMLERINDE PORTAKALLI KAJU TAVUK VE BIBER TAVADA KIZARTIN

BITIRMEK IÇIN BAŞLA:45 dakika yapar: 4 ila 6 porsiyon

IKI TIP BULACAKSINIZRAFLARDAKI HINDISTANCEVIZI YAĞI - RAFINE EDILMIŞ VE SIZMA VEYA RAFINE EDILMEMIŞ. ADINDAN DA ANLAŞILACAĞI GIBI, SIZMA HINDISTANCEVIZI YAĞI, TAZE, ÇIĞ HINDISTAN CEVIZININ ILK PRESLENMESINDEN GELIR. ORTA ILA ORTA ATEŞTE PIŞIRIYORSANIZ HER ZAMAN DAHA IYI BIR SEÇENEKTIR. RAFINE HINDISTANCEVIZI YAĞI DAHA YÜKSEK BIR DUMAN NOKTASINA SAHIPTIR, BU NEDENLE YÜKSEK ISIDA YEMEK PIŞIRIYORSANIZ KULLANIN.

1 yemek kaşığı rafine hindistan cevizi yağı

1½ ila 2 pound derisiz, kemiksiz tavuk baldırları, ince lokma büyüklüğünde şeritler halinde kesilmiş

3 kırmızı, turuncu ve/veya sarı biber, sapları, tohumları çıkarılmış ve ince dilimlenmiş

1 kırmızı soğan, uzunlamasına ikiye bölünmüş ve ince dilimlenmiş

1 çay kaşığı ince rendelenmiş portakal kabuğu (kenara koyun)

½ su bardağı taze portakal suyu

1 yemek kaşığı ince kıyılmış taze zencefil

3 diş sarımsak, kıyılmış

1 su bardağı kavrulmuş ve doğranmış tuzsuz çiğ kaju fıstığı (bkz.uç)

½ fincan dilimlenmiş yeşil soğan (4)

8 ila 10 yaprak tereyağı veya marul

1. Hindistan cevizi yağını derin bir tavada veya büyük bir tavada yüksek ateşte ısıtın. Tavuğu ekleyin; 2 dakika karıştırarak pişirin. Biber ve soğan ekleyin; 2 ila 3 dakika

veya sebzeler yumuşayana kadar pişirin ve karıştırın.
Tavuğu ve sebzeleri wok'tan çıkarın; sıcak kalmak

2. Wok tavasını mutfak kağıdıyla silin. Wok'a portakal suyunu
ekleyin. Yaklaşık 3 dakika veya meyve suları kaynayana ve
hafifçe azalana kadar pişirin. Zencefil ve sarımsak ekleyin.
1 dakika pişirin ve karıştırın. Tavuk ve biber karışımını
wok'a geri koyun. Portakal kabuğu, kaju fıstığı ve yeşil
soğanı karıştırın. Marul yaprakları üzerinde kızartılarak
servis edilir.

HINDISTAN CEVIZI LIMON OTU ILE VIETNAM TAVUĞU

BITIRMEK IÇIN BAŞLA:Yapılışı 30 dakika: 4 porsiyon

BU HIZLI HINDISTANCEVIZI KÖRIKESMEYE BAŞLADIKTAN 30 DAKIKA SONRA MASANIZDA OLABILIR VE YOĞUN BIR HAFTA IÇI AKŞAMI IÇIN MÜKEMMEL BIR ÖĞÜNDÜR.

1 yemek kaşığı rafine edilmemiş hindistancevizi yağı

4 sap limon otu (sadece soluk kısımlar)

1 3,2 onsluk paket istiridye mantarı, doğranmış

1 büyük soğan, ince dilimlenmiş, halkalar ikiye bölünmüş

1 adet taze jalapeño, çekirdeği çıkarılmış ve ince doğranmış (bkz.<u>uç</u>)

2 yemek kaşığı taze zencefil, kıyılmış

3 diş ince kıyılmış sarımsak

1 ½ pound derisiz, kemiksiz tavuk butları, ince dilimlenmiş ve lokma büyüklüğünde parçalar halinde kesilmiş

½ fincan doğal hindistan cevizi sütü (Nature's Way gibi)

½ su bardağı tavuk kemiği suyu (bkz.<u>yemek tarifi</u>) veya tuzsuz tavuk suyu

1 yemek kaşığı tuzsuz kırmızı köri tozu

½ çay kaşığı karabiber

½ su bardağı kıyılmış taze fesleğen yaprağı

2 yemek kaşığı taze limon

Şekersiz rendelenmiş hindistan cevizi (isteğe bağlı)

1. Hindistan cevizi yağını büyük bir tavada orta ateşte ısıtın. Limon otu ekleyin; 1 dakika karıştırarak pişirin. Mantar, soğan, jalapeño, zencefil ve sarımsak ekleyin; 2 dakika veya soğan yumuşayana kadar pişirin ve karıştırın. Tavuğu ekleyin; yaklaşık 3 dakika veya tavuk tamamen pişene kadar pişirin.

2. Küçük bir kapta hindistan cevizi sütü, tavuk kemiği suyu, köri tozu ve karabiberi karıştırın. Tavaya tavuk karışımı ekleyin; 1 dakika veya sıvı hafifçe kalınlaşana kadar pişirin. Ateşten alın; taze fesleğen ve limon suyunu karıştırın. İstenirse, parçaları hindistancevizi ile serpin.

KAVRULMUŞ TAVUK VE ELMA ESCAROLE SALATASI

HAZIRLIK:Izgarada 30 dakika: 12 dakika yapım: 4 porsiyon

DAHA TATLI ELMALARI SEVIYORSANIZ,ÇITIR BALLA GIT. EKŞI ELMALARI SEVIYORSANIZ, GRANNY SMITH KULLANIN VEYA DENGE IÇIN HER IKI ÇEŞIDIN BIR KARIŞIMINI DENEYIN.

3 orta boy Honeycrisp veya Granny Smith elma

4 yemek kaşığı sızma zeytinyağı

½ su bardağı ince kıyılmış maydanoz

2 yemek kaşığı kıyılmış taze maydanoz

1 yemek kaşığı tavuk baharatı

3 ve 4 hindiba başı, dörde bölünmüş

1 pound öğütülmüş tavuk veya hindi göğsü

⅓ su bardağı kavrulmuş fındık*

⅓ Fincan Klasik Fransız Sirkesi Sirkesi (bkz.<u>yemek tarifi</u>)

1. Elmaları ikiye bölün ve çekirdeklerini çıkarın. 1 elmayı soyun ve ince ince doğrayın Orta boy bir tavada 1 çay kaşığı zeytinyağını orta ateşte ısıtın. Doğranmış elmayı ve arpacık soğanı ekleyin; yumuşayana kadar pişirin. Maydanoz ve kümes hayvanı baharatını karıştırın. Soğumaya bırakın.

2. Bu sırada kalan 2 elmayı soyun ve dilimleyin. Kesilen elma parçalarının ve hindibaların kenarlarına kalan zeytinyağını sürün. Tavuk ve soğutulmuş elma karışımını büyük bir kapta birleştirin. Sekiz parçaya bölün; her bir kısmı 2 inç çapında bir köfte haline getirin.

3. Kömür veya gazlı ızgara için, tavuk köftelerini ve elma dilimlerini orta ateşte doğrudan ızgaraya yerleştirin.

Örtün ve 10 dakika ızgara yapın, pişirmenin yarısında bir kez çevirin. Hindiba ekleyin, kenarları aşağı doğru kesin. Örtün ve 2 ila 4 dakika veya hindiba hafifçe kömürleşene, elmalar yumuşayana ve tavuk köfteleri tamamen pişene (165°F) kadar ızgara yapın.

4. Hindibayı kalın dilimleyin. Hindibayı dört tabağa bölün. Üzerine tavuk köfteleri, elma dilimleri ve fındıkları yerleştirin. Klasik Fransız salata sosu ile gezdirin.

* İpucu: Fındıkları kızartmak için fırını önceden 350°F'ye ısıtın. Fındıkları bir fırın tepsisine tek bir tabaka halinde yayın. 8 ila 10 dakika veya hafifçe kızarana kadar pişirin, eşit kızartma için bir kez karıştırın. Fındıkları biraz soğutun. Sıcak somunları temiz bir beze koyun; gevşek cildi çıkarmak için havluyla ovun.

LAHANA KURDELELI TOSKANA TAVUK ÇORBASI

HAZIRLIK:15 dakika pişirin: 20 dakika yapar: 4 ila 6 porsiyon

BIR KAŞIK PESTO- SEÇIMINIZ FESLEĞEN VEYA ROKA - TUZSUZ KÜMES HAYVANI BAHARATI ILE TATLANDIRILMIŞ BU LEZZETLI ÇORBAYA HARIKA BIR LEZZET KATIYOR. LAHANA ŞERITLERINI PARLAK YEŞIL VE BESINLERLE DOLU TUTMAK IÇIN SADECE SOLANA KADAR PIŞIRIN.

1 pound öğütülmüş tavuk

2 yemek kaşığı tuzsuz tavuk baharatı

1 çay kaşığı ince rendelenmiş limon kabuğu

1 yemek kaşığı zeytinyağı

1 bardak doğranmış soğan

½ su bardağı doğranmış havuç

1 su bardağı kıyılmış kereviz

4 diş sarımsak, dilimlenmiş

4 su bardağı tavuk kemiği suyu (bkz.<u>yemek tarifi</u>) veya tuzsuz tavuk suyu

1 14,5 ons tuzsuz alevde kavrulmuş domates, süzülmemiş olabilir

1 demet Lacinato (Toskana) karalahana, sapları çıkarılmış, şeritler halinde kesilmiş

2 yemek kaşığı taze limon

1 çay kaşığı kıyılmış taze kekik

Fesleğen veya Roka Pesto (bkz.<u>tarifler</u>)

1. Kıyılmış tavuğu, kümes hayvanı çeşnisini ve limon kabuğu rendesini orta boy bir kapta birleştirin. İyice karıştırın.

2. Zeytinyağını bir tavada orta ateşte ısıtın. Tavuk karışımı, soğan, havuç ve kereviz ekleyin; 5 ila 8 dakika veya tavuk artık pembeleşene kadar pişirin, eti parçalamak için tahta kaşıkla karıştırın ve pişirmenin son dakikasında sarımsak dişlerini ekleyin. Tavuk kemik suyu ve domatesleri

ekleyin. kaynatın; ısıyı azaltmak Örtün ve 15 dakika pişirin. Lahana, limon suyu ve kekiği karıştırın. Açıkta, yaklaşık 5 dakika veya lahana soluncaya kadar pişirin.

3. Servis yapmadan önce çorbayı kaselere alın ve fesleğen veya roka pesto ile süsleyin.

TAVUK ÇAR

HAZIRLIK:15 dakika pişirme: 8 dakika soğutma: 20 dakika yapma: 4 porsiyon

POPÜLER BIR TAYLAND YEMEĞININ BU VERSIYONUMARUL YAPRAKLARI ÜZERINDE SERVIS EDILEN ÖĞÜTÜLMÜŞ TAVUK VE SEBZELER, GELENEKSEL OLARAK IÇERIK LISTESININ BIR PARÇASI OLAN ŞEKER, TUZ VE (SODYUM ORANI YÜKSEK) BALIK SOSU EKLENMEDEN ÇOK HAFIF VE LEZZETLIDIR. SARIMSAK, TAY BIBERI, LIMON OTU, LIMON SUYU, NANE VE KIŞNIŞ ILE ONLARI ÖZLEMEYECEKSINIZ.

1 yemek kaşığı rafine hindistan cevizi yağı

2 kilo tavuk (%95 yağsız veya göğüs)

8 ons mantar, ince doğranmış

1 su bardağı ince kıyılmış kırmızı soğan

1 ila 2 Tayland biberi, tohumlanmış ve ince doğranmış (bkz.<u>uç</u>)

2 yemek kaşığı kıyılmış sarımsak

2 yemek kaşığı ince kıyılmış limon otu*

¼ çay kaşığı öğütülmüş karanfil

¼ çay kaşığı karabiber

1 yemek kaşığı ince rendelenmiş limon kabuğu

½ fincan taze limon

⅓ fincan sıkıca paketlenmiş taze nane yaprakları, doğranmış

⅓ fincan sıkıca paketlenmiş taze kişniş, doğranmış

1 baş iceberg marul, yapraklara bölünmüş

1. Hindistan cevizi yağını büyük bir tavada orta ateşte ısıtın. Kıyılmış tavuk, mantar, soğan, biber(ler), sarımsak, limon otu, karanfil ve karabiber ekleyin. 8 ila 10 dakika veya tavuk tamamen pişene kadar pişirin, eti pişirirken parçalamak için bir tahta kaşıkla karıştırın. Gerekirse boşaltın. Tavuk karışımını çok geniş bir kaba aktarın. Ara

sıra karıştırarak yaklaşık 20 dakika veya oda sıcaklığının biraz üzerinde soğumaya bırakın.

2. Tavuk karışımına limon kabuğu rendesi, limon suyu, nane ve kişniş ekleyin. Marul yaprakları üzerinde servis yapın.

*İpucu: Limon otu hazırlamak için keskin bir bıçağa ihtiyacınız var. Gövdenin altından odunsu sapı ve bitkinin tepesinden sert yeşil yaprakları kesin. İki sert dış katmanı çıkarın. 15 cm uzunluğunda ve beyaz-sarı limon otunuz olmalıdır. Sapı yatay olarak ikiye bölün, ardından her bölümü tekrar ikiye bölün. Sapın her bir çeyreğini çok ince kesin.

SZECHWAN KAJU SOSLU TAVUK BURGERLER

ISITILARAK YAPILAN ACI BIBER YAĞIEZILMIŞ KIRMIZI BIBERLI ZEYTINYAĞI BAŞKA ŞEKILLERDE DE KULLANILABILIR. KIZARTMADAN ÖNCE SOTE ETMEK VEYA BIBER YAĞI ILE ATMAK IÇIN TAZE SEBZELER KULLANIN.

2 yemek kaşığı zeytinyağı

¼ çay kaşığı kırmızı biber

2 su bardağı kavrulmuş çiğ kaju fıstığı (bkz.uç)

¼ su bardağı zeytinyağı

½ su bardağı rendelenmiş kabak

¼ fincan frenk soğanı, ince kıyılmış

2 diş sarımsak, kıyılmış

2 yemek kaşığı ince rendelenmiş limon kabuğu

2 yemek kaşığı rendelenmiş taze zencefil

1 pound öğütülmüş tavuk veya hindi göğsü

SZECHWAN KAJU SOSU

1 yemek kaşığı zeytinyağı

2 yemek kaşığı ince kıyılmış frenk soğanı

1 yemek kaşığı rendelenmiş taze zencefil

1 çay kaşığı Çin beş baharat tozu

1 yemek kaşığı taze limon

4 yeşil yaprak veya marul yaprağı

1. Şili yağı için küçük bir sos tavasında zeytinyağı ve toz kırmızı biberi karıştırın. 5 dakika kısık ateşte ısıtın. Ateşten alın; soğumaya bırak

2. Kaju ezmesi için kajuları ve 1 yemek kaşığı zeytinyağını blenderdan geçirin. Örtün ve kremsi olana kadar

karıştırın, gerektiği gibi kenarlarını sıyırın ve ¼ fincanın tamamı kullanılana ve tereyağı çok yumuşak olana kadar her seferinde bir çorba kaşığı ilave zeytinyağı ekleyin; bir kenara bırakmak

3. Büyük bir kapta kabak, frenk soğanı, sarımsak, limon kabuğu rendesi ve 2 yemek kaşığı zencefili karıştırın. Kıyma tavuğu ekleyin; İyice karıştırın. Tavuk karışımını dört ½ inç kalınlığında dilimler halinde yuvarlayın.

4. Kömür veya gazlı ızgara için, köfteleri doğrudan orta ateşte yağlanmış ızgaraya yerleştirin. Örtün ve 14 ila 16 dakika veya tamamen pişene kadar (165°F) ızgara yapın, ızgaranın ortasında bir kez çevirin.

5. Bu arada sos için küçük bir tavada zeytinyağını orta ateşte ısıtın. Soğan ve 1 yemek kaşığı zencefil ekleyin; orta ateşte 2 dakika veya pazı yumuşayana kadar pişirin. ½ fincan kaju yağı (kalan kaju yağını bir hafta kadar buzdolabında saklayın), biber yağı, limon suyu ve beş baharat tozu ekleyin. 2 dakika daha pişirin. Ateşten alın.

6. Köfteleri marul yaprakları üzerinde servis edin. Sos ile atın.

HINDI TAVUĞU TENCERELERI

HAZIRLIK:25 dakika bekletin: 15 dakika pişirin: 8 dakika İçecekler: 4 ila 6 porsiyon.

"BAHARAT", ARAPÇA'DA BASITÇE "BAHARAT" ANLAMINA GELIR.ORTA DOĞU MUTFAĞINDA EVRENSEL BIR BAHARAT, BALIK, KÜMES HAYVANLARI VE ET ÜZERINE SÜRÜLEREK VEYA ZEYTINYAĞI ILE KARIŞTIRILARAK SEBZE TURŞUSU OLARAK KULLANILIR. TARÇIN, KIMYON, KIŞNIŞ, KARANFIL VE KIRMIZI BIBER GIBI SICAK VE TATLI BAHARATLARIN BIRLEŞIMI ONU ÖZELLIKLE AROMATIK HALE GETIRIR. KURU NANE EKLEMEK BIR TÜRK DOKUNUŞUDUR.

⅓ su bardağı doğranmış kuru kayısı

⅓ su bardağı doğranmış kuru incir

1 yemek kaşığı rafine edilmemiş hindistancevizi yağı

1 ½ pound tavuk göğsü aşağıda

3 su bardağı dilimlenmiş pırasa (sadece beyaz ve açık yeşil kısımları) (3)

Orta boy yeşil ve/veya kırmızı biberin ⅔'ünü ince ince dilimleyin

2 yemek kaşığı Baharat çeşnisi (bkz.yemek tarifi, altında)

2 diş sarımsak, kıyılmış

1 su bardağı doğranmış ve çekirdekleri çıkarılmış domates (2 orta boy)

1 su bardağı doğranmış, çekirdekleri çıkarılmış salatalık (orta boy)

½ fincan kıyılmış tuzsuz antep fıstığı, kavrulmuş (bkz.uç)

¼ su bardağı kıyılmış taze nane

¼ su bardağı kıyılmış taze maydanoz

8 ila 12 büyük marul veya Bibb marul yaprağı

1. Kayısı ve incirleri küçük bir kaseye koyun. ⅔ bardak kaynar su ekleyin; 15 dakika bekletin. Süzün, sıvının ½ fincanını ayırın.

2. Bu arada, büyük bir tavada hindistancevizi yağını orta ateşte ısıtın. Kıyma tavuğu ekleyin; Et pişerken

parçalanması için tahta kaşıkla karıştırarak 3 dakika pişirin. Pırasayı, kırmızı biberi, Baharat baharatını ve sarımsağı ekleyin; yaklaşık 3 dakika veya tavuk tamamen pişene ve biber yumuşayana kadar pişirin ve karıştırın. Kayısı, incir, ayrılmış sıvıyağ, domates ve salatalığı ekleyin. 2 dakika veya domatesler ve salatalıklar parçalanmaya başlayana kadar pişirin ve karıştırın. Antep fıstığı, nane ve maydanozu karıştırın.

3. Tavuk ve sebzeleri marul yaprakları üzerinde servis edin.

Baharat baharatı: Küçük bir kapta 2 çay kaşığı tatlı kırmızı biberi birleştirin; 1 çay kaşığı karabiber; 2 yemek kaşığı kuru nane, ince öğütülmüş; 2 yemek kaşığı öğütülmüş kimyon; 2 yemek kaşığı öğütülmüş kişniş; 2 yemek kaşığı öğütülmüş tarçın; 2 yemek kaşığı öğütülmüş tahıl; 1 çay kaşığı öğütülmüş hindistan cevizi; ve 1 çay kaşığı kakule. Sıkıca kapatılmış bir kapta oda sıcaklığında saklayın. Yaklaşık yarım bardak yapar.

İSPANYOL CORNISH TAVUKLARI

HAZIRLIK:10 dakika kavurma: 30 dakika kavurma: 6 dakika yapma: 2 ila 3 porsiyon

BU TARIF DAHA BASIT OLAMAZDI- VE SONUÇLAR KESINLIKLE HARIKA. BOL MIKTARDA KIRMIZI BIBER, SARIMSAK VE LIMON BU KÜÇÜK KUŞLARA ÇOK FAZLA LEZZET KATIYOR.

2 1½ pound Cornish tavuğu, donmuşsa çözülmüş

1 yemek kaşığı zeytinyağı

6 diş sarımsak, kıyılmış

2 ila 3 yemek kaşığı füme tatlı kırmızı biber

¼ ila ½ çay kaşığı acı biber (isteğe bağlı)

2 limon, dörde bölünmüş

2 yemek kaşığı kıyılmış taze maydanoz (isteğe bağlı)

1. Fırını 375°F'ye ısıtın. Av tavuklarını dörde bölmek için, mutfak makası veya keskin bir bıçak kullanarak dar omurganın her iki tarafını da kesin. Kuşu açın ve tavuğu sternumdan ikiye bölün. Uylukları memeden ayırarak deriyi ve eti keserek arka kısmı çıkarın. Kanat ve göğsü sağlam tutun. Zeytinyağını Cornish tavuk parçalarının üzerine sürün. Kıyılmış sarımsak serpin.

2. Tavuk parçalarını derili tarafları yukarı gelecek şekilde geniş bir fırın tepsisine yerleştirin. Füme kırmızı biber ve acı biber serpin. Tavuğun üzerine çeyrek limon sıkın; limon çeyreklerini tavaya ekleyin. Tavuk parçalarını derili tarafı aşağı gelecek şekilde tavada çevirin. Örtün ve 30 dakika pişirin. Tavayı fırından çıkarın.

3. Tavukları önceden ısıtın. Pense kullanarak parçaları çevirin. Fırın rafını ayarlayın. Cilt kızarana ve tavuk tamamen pişene kadar (175 ° F) 6 ila 8 dakika ısıdan 4 ila 5 inç

kızartın. Pan suları ile yağlayın. İsterseniz maydanoz serpin.

ROKA, KAYISI VE REZENE SALATASI ILE CORNISH FISTIKLI KIZARMIŞ TAVUK

HAZIRLIK:30 dakika soğutma: 2 ila 12 saat kavurma: 50 dakika beklemede: 10 dakika yapım: 8 porsiyon

FISTIKLI PESTO YAPMAYDANOZ, KEKIK, SARIMSAK, PORTAKAL KABUĞU, PORTAKAL SUYU VE ZEYTINYAĞI MARINE EDILMEDEN ÖNCE HER KUŞUN DERISININ ALTINA KONUR.

4 20 ila 24 ons Cornish av tavuğu

3 su bardağı çiğ fıstık

2 yemek kaşığı İtalyan (düz yaprak) kıyılmış taze maydanoz

1 yemek kaşığı ezilmiş kekik

1 büyük diş sarımsak, kıyılmış

2 yemek kaşığı ince rendelenmiş portakal kabuğu

2 yemek kaşığı taze portakal suyu

¾ su bardağı zeytinyağı

2 büyük soğan, ince dilimlenmiş

½ su bardağı taze portakal suyu

2 yemek kaşığı taze limon

¼ çay kaşığı taze çekilmiş karabiber

¼ çay kaşığı kuru hardal

2 5 onsluk roka paketleri

1 büyük rezene ampulü, ince dilimlenmiş

2 yemek kaşığı kıyılmış rezene yaprağı

4 kayısı, soyulmuş ve ince dilimlenmiş

1. Cornish av tavuklarının oyuklarının içini temizleyin. Bacakları %100 pamuklu mutfak ipi ile birbirine bağlayın. Kanatları gövdelerin altına yerleştirin; bir kenara bırakmak

2. Antep fıstığı, maydanoz, kekik, sarımsak, portakal kabuğu rendesi ve portakal suyunu mutfak robotunda veya blenderda karıştırın. Kalın bir macun oluşana kadar işleyin. İşlemci çalışırken, yavaş ve sabit bir akışla ¼ fincan zeytinyağı ekleyin.

3. Bir cep oluşturmak için parmaklarınızı kullanarak tavuğun göğsünün derisini gevşetin. Antep fıstığı karışımının dörtte birini kabuğun altına eşit şekilde yayın. Kalan tavuk ve fıstık karışımı ile tekrarlayın. Tencerenin dibine dilimlenmiş soğanları yayın; tavukları göğüs kısmı yukarı gelecek şekilde soğanların üzerine yerleştirin. 2 ila 12 saat boyunca örtün ve soğutun.

4. Fırını 425°F'ye ısıtın. Tavukları 30 ila 35 dakika veya uyluk kasına yerleştirilen anında okunan bir termometre 175 ° F'yi kaydedene kadar pişirin.

5. Bu sırada sos için portakal suyu, limon suyu, biber ve hardalı küçük bir kapta karıştırın. İyice karıştırın. Kalan ½ su bardağı zeytinyağını yavaş ve sabit bir akışla sürekli karıştırarak ekleyin.

6. Salata için roka, rezene, rezene yaprağı ve kayısıyı geniş bir kasede karıştırın. Sos ile hafifçe gezdirin; iyi atmak Fazla giysiyi başka bir amaç için saklayın.

7. Tavukları fırından çıkarın; folyo ile çadır ve 10 dakika bekletin. Salatayı sekiz servis kasesine eşit olarak paylaştırın. Tavukları uzunlamasına ikiye bölün; tavuk yarımlarını salataların üzerine yerleştirin. Hemen servis yapın.

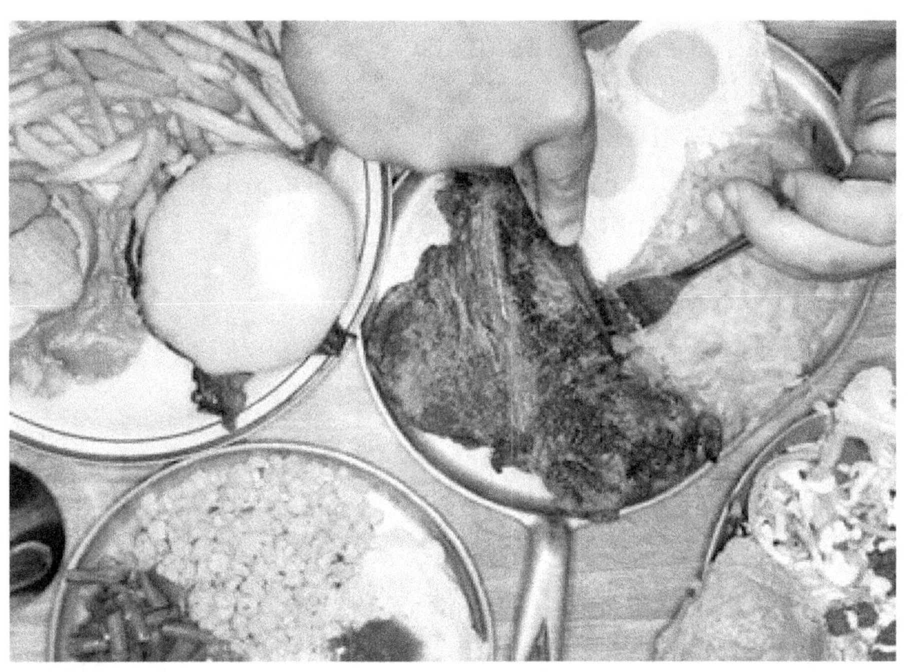

NAR VE JICAMA SALATASI ILE ÖRDEK GÖĞSÜ

HAZIRLIK:15 dakika pişirme: 15 dakika yapma: 4 porsiyon

ELMAS DESEN KESMEÖRDEK GÖĞSÜ YAĞI, GARAM MASALA BAHARATLI GÖĞÜSLER PIŞERKEN YAĞIN SALINMASINA IZIN VERIR. DAMLAMALAR JICAMA, NAR TANELERI, PORTAKAL SUYU VE ET SUYU ILE BIRLEŞTIRILIR VE BIRAZ SOLDURMAK IÇIN YEŞIL BIBERLE ATILIR.

4 kemiksiz Muscovy ördek göğsü (toplamda yaklaşık 1½ ila 2 pound)

1 yemek kaşığı garam masala

1 yemek kaşığı rafine edilmemiş hindistancevizi yağı

2 su bardağı jicama, dilimlenmiş ve soyulmuş

½ su bardağı nar taneleri

¼ su bardağı taze portakal suyu

¼ bardak sığır kemik suyu (bkz.yemek tarifi) veya tuzsuz et suyu

3 su bardağı su teresi, sapları çıkarılmış

3 su bardağı rendelenmiş friz ve/veya ince dilimlenmiş hindiba

1. Keskin bir bıçak kullanarak ördek göğsünün yağında 2,5 cm'lik sığ elmas kesimler yapın. Göğüs yarısının her iki tarafını garam masala ile serpin. Büyük bir tavayı orta ateşte ısıtın. Hindistan cevizi yağını sıcak bir tavada eritin. Göğüs yarımlarını deri tarafı aşağı gelecek şekilde tavaya yerleştirin. Cildin çok çabuk kızarmaması için 8 dakika pişirin (gerekirse ısıyı azaltın). döndürülmüş ördek göğsü; 5 ila 6 dakika daha veya göğüs yarısına yerleştirilen anında okunan termometre orta için 145 ° F kaydedene kadar pişirin. Sıvıyı bir tavada saklayarak göğüs yarımlarını çıkarın; sıcak tutmak için folyo ile örtün.

2. Sosu yapmak için jicamayı tavadaki sıvıya ekleyin; orta ateşte 2 dakika karıştırarak pişirin. Nar taneleri, portakal suyu ve dana kemik suyunu tavaya ekleyin. kaynatın; hemen ısıdan çıkarın.

3. Salata için su teresini ve friseta'yı geniş bir kapta karıştırın. Yeşilliklerin üzerine sıcak sos dökün; korunmak

4. Salatayı dört tabağa bölün. Ördek göğüslerini ince ince dilimleyin ve salataların üzerine dizin.

SARIMSAKLI KÖK PÜRESI ILE HINDI KIZARTMASI

HAZIRLIK:1 saat Kızartma: 2 saat 45 dakika Ayarlama: 15 dakika Yapım: 12 ila 14 porsiyon

HINDI YAPAN BIRINI BULSALIN ENJEKTE EDILMEMIŞTIR. ETIKETTE "GELIŞTIRILMIŞ" VEYA "KENDI KENDINI IDAME ETTIREN" YAZIYORSA, MUHTEMELEN SODYUM VE DIĞER KATKI MADDELERIYLE YÜKLÜDÜR.

- 12-14 kilo arası 1 hindi
- 2 yemek kaşığı Akdeniz otu (bkz.yemek tarifi)
- ¼ su bardağı zeytinyağı
- 3 pound orta boy havuç, soyulmuş, kesilmiş ve uzunlamasına ikiye bölünmüş veya dörde bölünmüş
- 1 tarif sarımsak püresi (bkz.yemek tarifi, altında)

1. Fırını 425°F'ye ısıtın. Hindiden boyun ve sakatatları çıkarın; istenirse başka bir kullanım için saklayın. Cildi memenin kenarından nazikçe geriye doğru soyun. Bir cep oluşturmak için parmaklarınızı derinin altından memenin üzerinden ve kulak zarlarının üzerinden geçirin. Derinin altına 1 yemek kaşığı Akdeniz Otu koyun; göğüs ve tambur üzerine eşit şekilde yaymak için parmaklarınızı kullanın. boyun derisini geri çekin; bir pincho ile güvende. Tamburun uçlarını kuyruğun üstündeki deri bandının altına yerleştirin. Deri bağ yoksa tamburları kuyruğa %100 pamuk ip ile bağlayın. Kanat uçlarını sırtın altına katlayın.

2. Hindiyi göğüs tarafı yukarı gelecek şekilde derin bir kızartma tavasında tel ızgara üzerine yerleştirin. Hindiyi 2 yemek kaşığı yağ ile fırçalayın. Hindiyi Akdeniz otlarının

geri kalanıyla serpin. Uyluğun iç kısmındaki bir kasın merkezine bir et termometresi yerleştirin; termometre kemiğe değmemelidir. Hindiyi folyo ile kaplayın.

3. 30 dakika kızartın. Fırın sıcaklığını 325 ° F'ye düşürün. Bir buçuk saat pişirin. Büyük bir kapta havuçları ve kalan 2 yemek kaşığı yağı birleştirin; korunmak Büyük bir fırın tepsisine havuçları yayın. Hindiden folyoyu çıkarın ve bagetlerin derisini veya ipini kesin. Havuç ve hindiyi 45 dakika ila 1¼ saat arasında veya bir termometre 175°F'yi kaydedene kadar kavurun.

4. Hindiyi fırından çıkarın. kapak; Dilimlemeden önce 15 ila 20 dakika bekletin. Hindiyi havuç ve Sarımsak Püresi ile servis edin.

Sarımsak püresi: 3 ila 3½ pound rutabagas ve 1½ ila 2 pound kerevizi doğrayın ve soyun; 2 cm'lik parçalar halinde kesin. 6 litrelik bir tencerede, rutabagaları ve kerevizi üzerini kapatacak kadar kaynar suda 25 ila 30 dakika veya yumuşayana kadar pişirin. Bu arada, küçük bir tencerede 3 yemek kaşığı sızma zeytinyağı ile 6-8 diş kıyılmış sarımsağı birleştirin. Düşük ısıda 5 ila 10 dakika veya sarımsak çok kokulu olana ancak kızarana kadar pişirin. ¾ fincan tavuk kemiği suyunu dikkatlice ekleyin (bkz.yemek tarifi) veya tuzsuz tavuk suyu. kaynatın; ateşten alın. Sebzeleri boşaltın ve tavaya geri dönün. Sebzeleri patates ezici ile ezin veya elektrikli karıştırıcı ile düşük ayarda püre haline getirin. ½ çay kaşığı karabiber ekleyin. Sebzeler birleşene ve neredeyse pürüzsüz olana kadar et suyu karışımını yavaş yavaş püre haline getirin

veya çırpın. Gerekirse, istenen kıvama ulaşmak için ¼
fincan tavuk kemik suyu ilave edin.

PESTO SOSLU HINDI GÖĞSÜ DOLMASI VE ROKA SALATASI

HAZIRLIK:30 dakika kavrulmuş: 1 saat 30 dakika ayakta: 20 dakika yapım: 6 porsiyon

BU, BEYAZ ET SEVENLER IÇINHAN - KURUTULMUŞ DOMATES, FESLEĞEN VE AKDENIZ OTLARI ILE DOLDURULMUŞ ÇITIR ÇITIR HINDI GÖĞSÜ. ARTIKLAR HARIKA BIR ÖĞLE YEMEĞI YAPAR.

1 su bardağı kurutulmuş domates (yağda değil)

1 4 kiloluk derisiz hindi göğsü, derisi üzerinde

3 yemek kaşığı Akdeniz otu (bkz.yemek tarifi)

1 su bardağı taze fesleğen yaprağı

1 yemek kaşığı zeytinyağı

8 ons bebek roka

3 büyük domates, ikiye bölünmüş ve dilimlenmiş

¼ su bardağı zeytinyağı

2 yemek kaşığı kırmızı şarap sirkesi

Karabiber

1½ bardak fesleğen pesto (bkz.yemek tarifi)

1. Fırını 375°F'ye ısıtın. Küçük bir kasede kuru domateslerin üzerini kapatacak kadar kaynar su dökün. 5 dakika bekletin; süzün ve ince doğrayın.

2. Hindi göğsünü derili tarafı alta gelecek şekilde geniş bir plastik örtü üzerine yerleştirin. Hindinin üzerine başka bir plastik örtü koyun. Bir et çekiçinin düz tarafıyla, döşü yaklaşık ¾ inç kalınlığında eşit bir kalınlığa kadar hafifçe dövün. Plastik sargıyı atın. Etin üzerine 1½ yemek kaşığı Akdeniz otları dökün. Domates ve fesleğen yapraklarıyla süsleyin. Hindi göğsünü, derisi dışarıda kalacak şekilde dikkatlice sarın. Eti dört veya altı yerden bağlamak için

%100 pamuklu mutfak ipi kullanın. 1 çorba kaşığı zeytinyağı ile fırçalayın. Kızartmayı kalan 1½ yemek kaşığı Akdeniz baharatıyla serpin.

3. Kızartmayı derin olmayan bir tavada derili tarafı yukarı gelecek şekilde tel ızgara üzerine yerleştirin. 1½ saat boyunca veya merkeze yakın bir yere yerleştirilen anında okunan bir termometre 165°F'yi kaydedene ve cilt altın rengi kahverengi ve gevrek olana kadar üstü açık olarak kızartın. Hindiyi fırından çıkarın. Folyo ile gevşek bir şekilde örtün; Dilimlemeden önce 20 dakika bekletin.

4. Roka salatası için geniş bir kapta roka, domates, ¼ su bardağı zeytinyağı, sirke ve karabiberi tatlandırın. Zincirleri kızartmadan çıkarın. Hindiyi ince dilimler halinde kesin. Roka salatası ve fesleğen pesto ile servis yapın.

KIRAZ BARBEKÜ SOSLU BAHARATLI HINDI GÖĞSÜ

HAZIRLIK:15 dakika kızartma: 1 saat 15 dakika bekleme: 45 dakika Yap: 6 ila 8 porsiyon

BU GÜZEL BIR TARIFBURGER DIŞINDA BIR ŞEY YAPMAK ISTEDIĞINIZDE ARKA BAHÇEDE BIR KALABALIĞA SERVIS YAPIN. ÇITIR BROKOLI SALATASI GIBI GEVREK BIR SALATA ILE SERVIS YAPIN (BKZ.YEMEK TARIFI) VEYA DOĞRANMIŞ BRÜKSEL LAHANASI SALATASI (BKZ.YEMEK TARIFI).

4 ila 5 pound kemikli hindi göğsü

3 yemek kaşığı tütsülenmiş baharat (bkz.yemek tarifi)

2 yemek kaşığı taze limon

3 yemek kaşığı zeytinyağı

1 bardak sek beyaz şarap, örneğin Sauvignon Blanc

1 su bardağı şekersiz taze veya donmuş Bing kirazı, soluk ve doğranmış

⅓ su bardağı su

1 su bardağı barbekü sosu (bkz.yemek tarifi)

1. Hindi göğsünü 30 dakika oda sıcaklığında bekletin. Fırını 325 ° F'ye ısıtın. Hindi göğsünü derili tarafı yukarı gelecek şekilde bir fırın tepsisine yerleştirin.

2. Füme jambonu, limon suyunu ve zeytinyağını küçük bir kapta macun kıvamına gelene kadar karıştırın. Deriyi etten ayırın; Derinin altındaki hamurun yarısını etin üzerine yavaşça yayın. Makarnanın geri kalanını kabuğun üzerine eşit şekilde yayın. Şarabı tencerenin dibine dökün.

3. 1¼ ila 1½ saat veya cilt altın rengi kahverengi olana ve kızartmanın ortasına yerleştirilen anında okunan bir termometre (kemiğe dokunmadan) 170°F'yi kaydedene ve

pişirme süresinin yarısında tavayı döndürene kadar pişirin. Dilimlemeden önce 15 ila 30 dakika bekletin.

4. Bu sırada Vişne Barbekü Sosu için orta boy bir tencerede kirazları ve suyu birleştirin. kaynatın; ısıyı azaltmak Kapağı açık olarak 5 dakika pişirin. Barbekü sosu ilave edin; 5 dakika pişirin. Hindi ile ılık veya oda sıcaklığında servis yapın.

ŞARAPTA KAVRULMUŞ HINDI BONFILE

HAZIRLIK:30 dakika pişirme: 35 dakika yapma: 4 porsiyon

HINDI TAVASININ HAZIRLANMASIŞARAP, DOĞRANMIŞ ROMA DOMATES, TAVUK SUYU, TAZE OTLAR VE EZILMIŞ KIRMIZI BIBER HARIKA BIR LEZZET KATIYOR. BU GÜVECI SIĞ KASELERDE VE HER LOKMADA LEZZETLI BIR ET SUYU IÇIN BÜYÜK KAŞIKLARLA SERVIS EDIN.

2 8 ila 12 ons hindi filetosu, 1 inçlik parçalar halinde kesilmiş

2 yemek kaşığı tuzsuz tavuk baharatı

2 yemek kaşığı zeytinyağı

6 diş sarımsak, kıyılmış (1 yemek kaşığı)

1 bardak doğranmış soğan

½ su bardağı kıyılmış kereviz

6 Roma domatesi, çekirdeksiz ve doğranmış (yaklaşık 3 bardak)

Sauvignon Blanc gibi ½ bardak sek beyaz şarap

½ su bardağı tavuk kemiği suyu (bkz.<u>yemek tarifi</u>) veya tuzsuz tavuk suyu

½ çay kaşığı ince kıyılmış taze biberiye

¼ ila ½ çay kaşığı öğütülmüş kırmızı biber

½ fincan taze fesleğen yaprağı, doğranmış

½ su bardağı kıyılmış taze maydanoz

1. Hindi parçalarını, kaplamak için kümes hayvanları baharatıyla birlikte büyük bir kaseye atın. Büyük bir yapışmaz tavada 1 çorba kaşığı zeytinyağını orta ateşte ısıtın. Hindiyi kızgın yağda her tarafı kızarana kadar partiler halinde kızartın. (Hindi pişmemeli.) Bir tabağa aktarın ve sıcak tutun.

2. Kalan 1 yemek kaşığı zeytinyağını tavaya ekleyin. Isıyı orta yüksekliğe yükseltin. Sarımsağı ekleyin; 1 dakika karıştırarak pişirin. Soğan ve kereviz ekleyin; 5 dakika

karıştırarak pişirin. Hindi ve tava suları, domates, şarap, tavuk kemik suyu, biberiye ve ezilmiş kırmızı biberi ekleyin. Isıyı orta seviyeye indirin. Örtün ve ara sıra karıştırarak 20 dakika pişirin. Fesleğen ve maydanoz ekleyin. Örtün ve 5 dakika daha veya hindi artık pembeleşene kadar pişirin.

FRENK SOĞANI SCAMPI SOSLU TAVADA KIZARTILMIŞ HINDI GÖĞSÜ

HAZIRLIK:30 dakika pişirme: 15 dakika yapma: 4 porsiyon<u>FOTOĞRAF</u>

HINDI FILETOSUNU ORTADAN IKIYE KESMEK IÇINETI KESERKEN SABIT BASINÇ UYGULAYARAK AVUCUNUZUN IÇIYLE HAFIFÇE BASTIRARAK MÜMKÜN OLDUĞUNCA YATAY OLARAK YATAY OLARAK YERLEŞTIRIN.

¼ su bardağı zeytinyağı

2 8 ila 12 ons hindi göğsü filetosu, yatay olarak ikiye bölünmüş

¼ çay kaşığı taze çekilmiş karabiber

3 yemek kaşığı zeytinyağı

4 diş sarımsak, ince kıyılmış

8 ons orta boy karides soyulmuş ve temizlenmiş, kuyrukları çıkarılmış ve uzunlamasına ikiye bölünmüş

¼ fincan sek beyaz şarap, tavuk suyu (bkz.<u>yemek tarifi</u>) veya tuzsuz tavuk suyu

2 yemek kaşığı kıyılmış taze kişniş

½ çay kaşığı ince rendelenmiş limon kabuğu

1 yemek kaşığı taze limon

Kabak eriştesi ve domates (bkz.<u>yemek tarifi</u>, aşağıda) (isteğe bağlı)

1. Büyük bir tavada 1 yemek kaşığı zeytinyağını orta ateşte ısıtın. Tavaya hindi ekleyin; biber serpin. Isıyı ortama indirin. 12 ila 15 dakika veya pembeleşene ve meyve suları berraklaşana kadar (165°F) pişirin, pişirme süresinin yarısında bir kez çevirin. Hindi pirzolalarını tavadan çıkarın. Sıcak tutmak için folyo ile örtün.

2. Sos için aynı tavada 3 yemek kaşığı yağı orta ateşte ısıtın. Sarımsağı ekleyin; 30 saniye kaynatın. Karides ilave edin; 1 dakika karıştırarak pişirin. Şarap, frenk soğanı ve limon kabuğu rendesini ilave edin; 1 dakika daha veya karides

opak olana kadar pişirin ve karıştırın. Ateşten alın; limon suyunu karıştırın. Servis yapmak için sosu hindi pirzolalarının üzerine dökün. İstenirse kabak eriştesi ve domates ile servis yapın.

Kabak Erişte ve Domates: Bir mandolin veya jülyen soyucu kullanarak 2 sarı kabağı jülyen şeritler halinde kesin. Büyük bir tavada 1 yemek kaşığı sızma zeytinyağını orta ateşte ısıtın. Kabak şeritlerini ekleyin; 2 dakika pişirin. 1 çeyrek bardak üzüm domates ve ¼ çay kaşığı karabiber ekleyin; 2 dakika daha veya kabak gevrek olana kadar pişirin.

KÖK SEBZELI HINDI BUDU

HAZIRLIK:30 dakika pişirme: 1 saat 45 dakika İçecekler: 4 porsiyon

BU DA O YEMEKLERDEN BIRISERIN BIR SONBAHAR AKŞAMINDA
FIRIN KAYNARKEN YÜRÜYÜŞE ÇIKMAK IÇIN VAKTINIZ
OLDUĞUNDA BUNU YAPMAK ISTERSINIZ. EGZERSIZ SIZI
ACIKTIRMIYORSA, KAPIDAN IÇERI GIRDIĞINIZDE KESINLIKLE
HARIKA KOKACAKTIR.

3 yemek kaşığı zeytinyağı

4 20 ila 24 ons hindi budu

½ çay kaşığı taze çekilmiş karabiber

6 diş sarımsak, soyulmuş ve kıyılmış

1 ½ çay kaşığı rezene tohumu, doğranmış

1 çay kaşığı bütün biber, ezilmiş*

1½ su bardağı tavuk kemiği suyu (bkz.<u>yemek tarifi</u>) veya tuzsuz tavuk suyu

2 dal taze biberiye

2 dal taze kekik

1 defne yaprağı

2 büyük soğan, soyulmuş ve 8 parçaya bölünmüş

6 büyük havuç, soyulmuş ve 1 inçlik dilimler halinde kesilmiş

2 büyük şalgam, soyulmuş ve 1 inçlik küpler halinde kesilmiş

2 orta boy yaban havucu, soyulmuş ve 1 inçlik dilimler halinde kesilmiş**

1 kereviz, soyulmuş ve 1 cm'lik parçalar halinde kesilmiş

1. Fırını 350°F'ye ısıtın. Zeytinyağını büyük bir tavada orta
   ateşte parıldayana kadar ısıtın. 2 hindi budu
   ekleyin.Yaklaşık 8 dakika veya bacakların her tarafı altın
   rengi olana ve gevrek ve eşit şekilde kızarana kadar
   pişirin. Hindi budu bir tabağa koyun; kalan 2 hindi bacağı
   ile tekrarlayın. Bir kenara bırak.

2. Tavaya biber, sarımsak, rezene tohumu ve karabiber ekleyin. Orta ateşte 1 ila 2 dakika veya kokulu olana kadar pişirin ve karıştırın. Tavuk kemiği suyu, biberiye, kekik ve defne yaprağını karıştırın. Tencerenin dibindeki kızartılmış parçaları yakalamak için karıştırarak kaynatın. Tavayı ısıdan çıkarın ve bir kenara koyun.

3. Soğanı, havucu, şalgamı, yaban havucunu ve kerevizi kapağı sıkıca kapatılmış büyük bir Hollanda fırınında karıştırın. Tavadan sıvı ekleyin; korunmak Hindi bacaklarını sebze karışımına bastırın. Kapakla örtün.

4. Yaklaşık 1 saat 45 dakika veya sebzeler yumuşayana ve hindi tamamen pişene kadar pişirin. Hindi budu ve sebzeleri büyük sığ kaselerde servis edin. Tava sularını dökün.

*İpucu: Biber ve rezene tohumlarını ezmek için bir kesme tahtası üzerine alın. Tohumları hafifçe ezmek için şef bıçağının düz tarafıyla aşağı bastırın.

**İpucu: Büyük dolmalık biber parçalarını küp küp doğrayın.

KARAMELIZE SOĞAN KETÇAP VE KAVRULMUŞ LAHANA ILE TATLANDIRILMIŞ HINDI

HAZIRLIK:15 dakika pişirme: 30 dakika pişirme: 1 saat bekleme 10 dakika: 5 dakika yapma: 4 porsiyon

KESINLIKLE KETÇAPLI KLASIK BIR KÖFTEPALEO MENÜSÜNDE KETÇAP OLDUĞUNDA (BKZ.<u>YEMEK TARIFI</u>) ILAVE TUZ VEYA ŞEKER IÇERMEZ. BURADA KETÇAP, FIRINLANMADAN ÖNCE KÖFTELERIN ÜZERINE YIĞILMIŞ KARAMELIZE SOĞANLARLA KARIŞTIRILIR.

1 ½ kilo hindi kıyması

2 yumurta, hafifçe çırpılmış

½ su bardağı badem unu

⅓ su bardağı kıyılmış taze maydanoz

¼ fincan ince dilimlenmiş (2)

1 yemek kaşığı kıyılmış taze adaçayı veya 1 yemek kaşığı rendelenmiş kuru adaçayı

1 yemek kaşığı kıyılmış taze kekik veya 1 yemek kaşığı kuru kekik, ezilmiş

¼ çay kaşığı karabiber

2 yemek kaşığı zeytinyağı

2 tatlı soğan, ikiye bölünmüş ve ince dilimlenmiş

1 su bardağı ketçap (bkz.<u>yemek tarifi</u>)

1 küçük baş lahana, ikiye bölünmüş, burulmuş ve 8 parçaya bölünmüş

½ ila 1 çay kaşığı öğütülmüş kırmızı biber

1. Fırını 350°F'ye ısıtın. Büyük bir fırın tepsisini parşömen kağıdı ile kaplayın; bir kenara bırakmak Büyük bir kapta hindi kıyması, yumurta, badem unu, maydanoz, yeşil soğan, adaçayı, kekik ve karabiberi karıştırın. Hazırlanan güveç tabağında hindi karışımını 8 x 4 inçlik bir ekmek tavasına yayın. 30 dakika pişirin.

2. Bu arada karamelize soğan ketçapı için büyük bir tavada 1 yemek kaşığı zeytinyağını orta ateşte ısıtın. Soğanı ekleyin; yaklaşık 5 dakika veya soğan kahverengileşene kadar sık sık karıştırarak pişirin. Isıyı orta-düşük seviyeye düşürün; ara sıra karıştırarak yaklaşık 25 dakika veya altın rengi kahverengi olana ve çok yumuşak olana kadar pişirin. Ateşten alın; Paleo Ketçap'ta karıştırın.

3. Hindi ekmeğinin üzerine biraz karamelize soğan ketçapı dökün. Lahana dilimlerini ekmeğin etrafına dizin. Kalan 1 çorba kaşığı zeytinyağı ile lahanayı atın; toz kırmızı biber serpin. Yaklaşık 40 dakika veya ekmek kayıtlarının ortasına anında okunan bir termometre yerleştirilene kadar 165 ° F pişirin, karamelize soğanları ekstra ketçapla ekleyin ve 20 dakika sonra lahana dilimlerini çevirin. Dilimlemeden önce hindi ekmeğini 5 ila 10 dakika dinlendirin.

4. Hindi ekmeğini lahana dilimleri ve kalan karamelize soğanla birlikte ketçapla birlikte servis edin.

TÜRKIYE POSOLE

BU SICAK MEKSIKA USULÜ ÇORBANIN TARAFLARIDEKORASYONDAN DAHA FAZLASIDIR. KIŞNIŞ, IMZA AROMASI, AVOKADO KREMASI VE KIZARMIŞ KÜLÇELERI LEZZETLI BIR ÇITIRLIK KATIYOR.

8 taze domates

1¼ ila 1½ kilo öğütülmüş hindi

1 kırmızı biber, tohumlanmış ve ince lokma büyüklüğünde şeritler halinde kesilmiş

½ su bardağı doğranmış soğan (1 orta boy)

6 diş sarımsak, kıyılmış (1 yemek kaşığı)

1 yemek kaşığı Meksika çeşnisi (bkz.<u>yemek tarifi</u>)

2 su bardağı tavuk kemiği suyu (bkz.<u>yemek tarifi</u>) veya tuzsuz tavuk suyu

1 14,5 ons tuzsuz alevde kavrulmuş domates, süzülmemiş olabilir

1 adet jalapeño veya serrano biberi, çekirdekleri çıkarılmış ve ince doğranmış (bkz.<u>uç</u>)

1 orta boy avokado, ikiye bölünmüş, soyulmuş, çekirdeksiz ve ince dilimlenmiş

¼ fincan tuzsuz nugget, kızartılmış (bkz.<u>uç</u>)

¼ fincan kıyılmış taze kişniş

Dosya takozları

1. Izgarayı önceden ısıtın. Tomatilloların derisini çıkarın ve atın. Domatesleri yıkayın ve ortadan ikiye kesin. Tomatillo yarımlarını ısıtılmamış bir tava ızgarasına yerleştirin. Isıdan 4 ila 5 inç 8 ila 10 dakika veya hafifçe kömürleşene kadar kavurun, kavurma işleminin yarısında bir kez çevirin. Bir tel raf üzerindeki tavada hafifçe soğumaya bırakın.

2. Bu arada büyük bir tavada hindi, biber ve soğanı orta ateşte 5-10 dakika veya hindi kızarana ve sebzeler yumuşayana

kadar tahta kaşıkla karıştırarak etin pişerken parçalanmasını sağlayın. . Gerekirse yağı boşaltın. Sarımsak ve Meksika baharatını ekleyin. 1 dakika daha karıştırarak pişirin.

3. Bir karıştırıcıda, közlenmiş domateslerin yaklaşık üçte ikisini ve 1 su bardağı tavuk kemiği suyunu birleştirin, üzerini kapatın ve pürüzsüz olana kadar karıştırın. Hindi karışımını tavaya ekleyin. Kalan 1 su bardağı Tavuk Kemik Suyu, süzülmemiş domates ve kırmızı biberi ilave edin. Domateslerin geri kalanını kabaca doğrayın; hindi karışımına ekleyin. kaynatın; ısıyı azaltmak Örtün ve 10 dakika pişirin.

4. Servis etmek için çorbayı sığ tabaklara kaşıkla koyun. Avokado, pepitas ve kişniş ile süsleyin. Kireç dilimlerini sıkmak için çorbanın üzerinden geçirin.

TAVUK KEMIK SUYU

HAZIRLIK:Kızartma 15 dakika: Kaynatma 30 dakika: Soğutma 4 saat: Gece boyunca İçme: yaklaşık 10 bardak

EN TAZE VE EN IYI TAT IÇIN - VE EN YÜKSEKBESIN DEĞERI - TARIFLERINIZDE EV YAPIMI TAVUK SUYU KULLANIN. (AYRICA TUZ, KORUYUCU VE KATKI MADDESI YOKTUR.) KEMIKLERI ATEŞE ATMADAN ÖNCE KAVURMAK LEZZETINI ARTIRIR. SIVI IÇINDE YAVAŞ YAVAŞ PIŞTIKLERI IÇIN KEMIKLER ET SUYUNU KALSIYUM, FOSFOR, MAGNEZYUM VE POTASYUM GIBI MINERALLERLE DOLDURUR. AŞAĞIDAKI YAVAŞ PIŞIRICI VARYASYONU BUNU ÖZELLIKLE KOLAYLAŞTIRIR. 2 ILA 4 FINCANLIK KAPLARDA DONDURUN VE YALNIZCA IHTIYACINIZ OLANI ÇÖZÜN.

2 pound tavuk kanadı ve sırtları

4 havuç, doğranmış

2 büyük pırasa, sadece beyaz ve açık yeşil kısımları, ince dilimlenmiş

2 kereviz sapı, iri doğranmış

1 yaban havucu, iri kıyılmış

6 büyük dal İtalyan (düz yaprak) maydanoz

6 dal taze kekik

4 diş sarımsak, ikiye bölünmüş

2 çay kaşığı bütün biber

2 tam tahıl

soğuk su

1. Fırını 425°F'ye ısıtın. Tavuk kanatlarını ve sırtlarını büyük bir fırın tepsisine yerleştirin; 30-35 dakika veya iyice kızarana kadar kızartın.

2. Kızarmış tavuk parçalarını ve fırın tepsisine dizilen parçaları büyük bir kızartılmış kaseye koyun. Havuç,

pırasa, kereviz, yaban havucu, maydanoz, kekik, sarımsak, biber ve karanfili ekleyin. Tavuğu ve sebzeleri kaplayacak kadar büyük bir kaseye yeterince soğuk su (yaklaşık 12 bardak) ekleyin. Orta ateşte kaynatın; suyu çok düşük bir ısıda tutmak için ısıyı ayarlayın ve kabarcıkların yüzeyini kırın. Örtün ve 4 saat pişirin.

3. Sıcak suyu, iki kat nemli %100 tülbentle kaplı büyük bir süzgeçten geçirin. Katıları atın. Et suyunu örtün ve gece boyunca soğumaya bırakın. Kullanmadan önce stoktaki yağ tabakasını çıkarın ve atın.

İpucu: Et suyunu hafifletmek için (isteğe bağlı), 1 yumurta akı, 1 çırpılmış yumurta ve ¼ su bardağı soğuk suyu küçük bir kapta birleştirin. Karışımı tenceredeki süzülmüş et suyuna karıştırın. Yemek pişirmeye geri dön. Ateşten alın; 5 dakika bekletin. Sıcak stoğu, %100 pamuklu kumaştan oluşan çift katlı soğuk bir bezle kaplı bir süzgeçten geçirin. Kullanmadan önce soğutun ve yağını alın.

Yavaş Pişirici Talimatları: 2. adım dışında belirtilen şekilde hazırlayın, malzemeleri 5-6 litrelik bir yavaş pişiriciye koyun. Örtün ve 12 ila 14 saat kısık ateşte pişirin. Adım 3'te belirtildiği gibi ilerleyin. Yaklaşık 10 bardak yapar.

HARISSA YEŞIL SOMON

HAZIRLIK:Fırında 25 dakika: Izgarada 10 dakika: 8 dakika Yapılışı: 4 porsiyonFOTOĞRAF

STANDART AĞARTICI KULLANILIRTAZE ÇIĞ KUŞKONMAZI SALATA IÇIN INCE ŞERITLER HALINDE KESIN. KÖPÜKLÜ NARENCIYE SOSU ILE (BKZ.YEMEK TARIFI) VE KAVRULMUŞ AY ÇEKIRDEĞI, BAHARATLI SOMON VE YEŞIL OT SOSUNA FERAHLATICI BIR EŞLIK EDIYOR.

SOMON BALIĞI

4 6 ila 8 ons taze veya dondurulmuş somon dilimleri, 1 inç kalınlığında

Zeytin yağı

HARISSA

1½ yemek kaşığı kimyon tohumu

1 ½ çay kaşığı kişniş tohumu

1 su bardağı taze maydanoz yaprağı, sıkıca paketlenmiş

1 su bardağı taze kişniş (yaprakları ve sapları)

2 jalapeno biberi, çekirdekleri çıkarılmış ve doğranmış (bkz.uç)

1 soğan, parçalar halinde kesilmiş

2 diş sarımsak

1 çay kaşığı ince rendelenmiş limon kabuğu

2 yemek kaşığı taze limon

⅓ su bardağı zeytinyağı

BAHARATLI AYÇIÇEĞI TOHUMLARI

⅓ su bardağı çiğ ayçekirdeği

1 çay kaşığı zeytinyağı

1 çay kaşığı tütsülenmiş baharat (bkz.yemek tarifi)

SALATA

12 büyük kuşkonmaz mızrağı, doğranmış (yaklaşık 1 pound)

⅓ fincan Parlak Narenciye Sirkesi Sirkesi (bkz.yemek tarifi)

1. Balığın donmuşsa buzunu çözün; mutfak kağıdı ile
   kurulayın. Balığın her iki tarafını da hafifçe zeytinyağı ile
   fırçalayın. Bir kenara bırak.

2. Harissa için kimyon tohumlarını ve kişniş tohumlarını
   küçük bir tavada orta ateşte 3 ila 4 dakika veya hafifçe
   kızarana ve hoş kokulu olana kadar kızartın. Kimyon ve
   kişniş tohumları, maydanoz, kişniş, jalapeños, soğan,
   sarımsak, limon kabuğu rendesi, limon suyu ve
   zeytinyağını mutfak robotunda karıştırın. Pürüzsüz olana
   kadar işleyin. Bir kenara bırak.

3. Terbiyeli ayçiçeği tohumları için fırını 300°F'ye ısıtın. Bir
   fırın tepsisini parşömen kağıdı ile kaplayın; bir kenara
   bırakmak Ayçekirdeği ve 1 çay kaşığı zeytinyağını küçük
   bir kapta birleştirin. Tohumların üzerine Smoky Sweet
   serpin; kaplamak için karıştırın. Ayçiçeği çekirdeklerini
   pişirme kağıdının üzerine eşit şekilde yayın. Yaklaşık 10
   dakika veya hafifçe kızarana kadar pişirin.

4. Kömür veya gazlı ızgara için, somonu doğrudan orta ateşte
   yağlanmış bir ızgaraya yerleştirin. Örtün ve 8 ila 12 dakika
   veya balık bir çatalla test edildiğinde pul pul dökülmeye
   başlayana kadar ızgara yapın ve pişirme işleminin
   yarısında bir kez çevirin.

5. Bu arada salata için kuşkonmazı sebze soyacağı ile uzun
   ince şeritler halinde kesin. Bir tabağa veya orta kaseye
   aktarın. (Mızraklar inceldikçe uçları kırılacaktır; bir
   tabağa veya kaseye ekleyin.) Tıraşlı mızrakların üzerine
   parlak narenciye salata sosu gezdirin. Kızarmış ayçiçeği
   tohumları serpin.

6. Servis yapmak için dört tabağın her birine birer dilim koyun; Her dilime biraz harissa yeşillikleri yerleştirin. Kıyılmış kuşkonmaz salatası ile servis yapın.

MARINE KALP SALATASI ILE IZGARA SOMON ENGINAR

HAZIRLIK:Izgarada 20 dakika: 12 dakika yapım: 4 porsiyon

GENELLIKLE SALATA FIRLATMAK IÇIN EN IYI ARAÇLARBU SENIN ELLERIN BU SALATADA YUMUŞACIK MARUL VE ENGINARLARI IZGARADA EŞIT ŞEKILDE ÇALIŞMAK EN IYI TEMIZ ELLERLE YAPILIR.

4 6 ons taze veya dondurulmuş somon filetosu

1 9 onsluk paket donmuş enginar kalbi, çözülmüş ve süzülmüş

5 yemek kaşığı zeytinyağı

2 yemek kaşığı ince kıyılmış maydanoz

1 yemek kaşığı ince rendelenmiş limon kabuğu

¼ fincan taze limon suyu

3 yemek kaşığı kıyılmış taze kekik

½ çay kaşığı taze çekilmiş karabiber

1 yemek kaşığı Akdeniz çeşnisi (bkz.<u>yemek tarifi</u>)

1 5 onsluk paket karışık bebek marul

1. Donmuşsa balığın buzunu çözün. balığı temizle; mutfak kağıdı ile kurulayın. Balıkları bir kenara koyun.

2. Orta boy bir kapta enginar göbeği ile 2 yemek kaşığı zeytinyağını karıştırın; bir kenara bırakmak Büyük bir kapta 2 yemek kaşığı zeytinyağı, arpacık soğanı, limon kabuğu rendesi, limon suyu ve kekiği birleştirin; bir kenara bırakmak

3. Kömür veya gazlı ızgara için enginar kalplerini bir ızgara sepetine koyun ve orta ateşte doğrudan ızgaraya yerleştirin. Örtün ve 6 ila 8 dakika veya iyice ovulana ve iyice ısıtılana kadar sık sık karıştırarak ızgara yapın.

Enginarları ızgaradan çıkarın. 5 dakika soğumaya bırakın, ardından enginarları arpacık soğanı karışımına ekleyin. Biberle tatlandırın; korunmak Bir kenara bırak.

4. Somonu kalan 1 çorba kaşığı zeytinyağı ile kaplayın; Akdeniz otları serpin. Somonu, baharatlı tarafı aşağı gelecek şekilde ızgaraya doğrudan orta ateşte yerleştirin. Örtün ve 6 ila 8 dakika veya bir çatalla test edildiğinde balık pul pul dökülmeye başlayana kadar ızgara yapın ve yarı yolda hafifçe döndürün.

5. Marulu marine edilmiş enginar kasesine ekleyin; kaplamak için hafifçe fırlatın. Izgara somon salatasını servis edin.

FLASH CHILI SAGE KAVRULMUŞ SOMON YEŞIL DOMATES SALSA ILE

HAZIRLIK:35 dakika soğutma: 2 ila 4 saat kavurma: 10 dakika yapma: 4 porsiyon

"FLAŞ KAVURMA" TEKNIĞINI IFADE EDER.YÜKSEK ATEŞTE KURU BIR TAVADA BIRAZ YAĞ VE BALIK, TAVUK VEYA ET EKLEYIN (CIZIR!), ARDINDAN FIRINDA YEMEĞI BITIRIN. HIZLI KAVURMA, PIŞIRME SÜRESINI KISALTIR VE DIŞININ ÇITIR ÇITIR, IÇININ ISE SULU VE LEZZETLI OLMASINI SAĞLAR.

SOMON BALIĞI

4 5 ila 6 ons taze veya dondurulmuş somon filetosu

3 yemek kaşığı zeytinyağı

¼ su bardağı ince kıyılmış soğan

2 diş sarımsak, soyulmuş ve dilimlenmiş

1 yemek kaşığı öğütülmüş kişniş

1 yemek kaşığı öğütülmüş kimyon

2 çay kaşığı tatlı kırmızı biber

1 çay kaşığı kurutulmuş kekik, rendelenmiş

¼ çay kaşığı acı biber

⅓ fincan taze limon suyu

1 yemek kaşığı kıyılmış taze adaçayı

YEŞIL DOMATES SALSA

1½ bardak doğranmış sert yeşil domates

⅓ su bardağı ince kıyılmış kırmızı soğan

2 yemek kaşığı kıyılmış taze kişniş

1 jalapeño, çekirdeği çıkarılmış ve doğranmış (bkz.uç)

1 diş sarımsak, kıyılmış

½ çay kaşığı öğütülmüş kimyon

¼ çay kaşığı toz biber

2 ila 3 yemek kaşığı taze limon suyu

1. Donmuşsa balığın buzunu çözün. balığı temizle; mutfak kağıdı ile kurulayın. Balıkları bir kenara koyun.

2. Adaçayı ezmesi için küçük bir sos tenceresinde 1 yemek kaşığı zeytinyağı, soğan ve sarımsağı karıştırın. 1 ila 2 dakika veya kokulu olana kadar kısık ateşte pişirin. Kişniş ve kimyon ilave edin; 1 dakika karıştırarak pişirin. Kırmızı biber, kekik ve kırmızı biberi ilave edin; 1 dakika karıştırarak pişirin. Limon suyu ve adaçayı ekleyin; yaklaşık 3 dakika veya pürüzsüz bir macun oluşana kadar pişirin ve karıştırın; taze

3. Parmaklarınızı kullanarak dilimlerin her iki tarafını acı biber salçası ile kaplayın. Balığı bir cam veya reaktif olmayan tabağa koyun; plastik sargı ile sıkıca örtün. 2 ila 4 saat buzdolabında bekletin.

4. Bu arada salsa için domates, soğan, kişniş, jalapeño, sarımsak, kimyon ve kırmızı toz biberi orta boy bir kapta birleştirin. Karıştırmak için iyice atın. Limon suyu ile gezdirin; korunmak

4. Lastik bir spatula kullanarak somon balığından mümkün olduğu kadar fazla hamur alın. Makarnayı atın.

5. Büyük bir dökme demir tavayı fırına yerleştirin. Fırını 500 ° F'ye ayarlayın. Fırını bir kızartma tavası ile önceden ısıtın.

6. Sıcak tavayı fırından çıkarın. Tavaya 1 yemek kaşığı zeytinyağı dökün. Tava tabanını yağ ile kaplamak için tavayı eğin. Filetoları deri tarafı aşağı gelecek şekilde tavaya yerleştirin. Dilimleri kalan 1 çorba kaşığı zeytinyağı ile fırçalayın.

7. Somonu yaklaşık 10 dakika veya balık çatalla test
   edildiğinde pul pul dökülmeye başlayana kadar pişirin.
   Balıkları sosla birlikte servis edin.

KAVRULMUŞ SOMON VE KUŞKONMAZ EN PAPILLOTE LIMON-FINDIK PESTO ILE

"PAPILLOTE" PIŞIRME, BASITÇE KAĞITTA PIŞIRME ANLAMINA GELIR.BIRÇOK NEDENDEN DOLAYI YEMEK PIŞIRMENIN GÜZEL BIR YOLU. BALIK VE SEBZELER PARŞÖMEN PAKETINDE BUHARDA PIŞIRILIR, SULARI, LEZZETLERI VE BESINLERI IÇERIDE KALIR VE DAHA SONRA TEMIZLENECEK TENCERE VE TAVALAR YOKTUR.

4 6 ons taze veya dondurulmuş somon filetosu

1 su bardağı hafifçe paketlenmiş taze fesleğen yaprağı

1 su bardağı taze maydanoz yaprağı, hafif kıyılmış

½ su bardağı kavrulmuş fındık*

5 yemek kaşığı zeytinyağı

1 çay kaşığı ince rendelenmiş limon kabuğu

2 yemek kaşığı taze limon

1 diş sarımsak, kıyılmış

1 pound ince dilimlenmiş kuşkonmaz

4 yemek kaşığı sek beyaz şarap

1. Dondurulmuşsa somonun buzunu çözün. balığı temizle; mutfak kağıdı ile kurulayın. Fırını 400 ° F'ye ısıtın.

2. Pestoyu yapmak için fesleğen, maydanoz, fındık, zeytinyağı, limon kabuğu rendesi, limon suyu ve sarımsağı bir blender veya mutfak robotunda karıştırın. Pürüzsüz olana kadar örtün ve karıştırın veya işleyin; bir kenara bırakmak

3. Parşömen kağıdından 12 inçlik dört kare kesin. Her paket için parşömen kağıdının ortasına bir somon dilimi yerleştirin. Çeyrek kuşkonmaz ve 2-3 yemek kaşığı pesto ile süsleyin; 1 yemek kaşığı şarapla deglaze edin. Parşömen kağıdının karşılıklı iki tarafını bir araya getirin ve balığın üzerine birkaç kez katlayın. Parşömen kağıdının uçlarını katlayın. Üç paket daha yapmak için tekrarlayın.

4. 17 ila 19 dakika veya balık bir çatalla test edildiğinde pul pul dökülmeye başlayana kadar kızartın (pişip pişmediğini kontrol etmek için paketi dikkatlice açın).

* İpucu: Fındıkları kızartmak için fırını önceden 350°F'ye ısıtın. Fındıkları bir fırın tepsisine tek bir tabaka halinde yayın. 8 ila 10 dakika veya hafifçe kızarana kadar pişirin, eşit kızartma için bir kez karıştırın. Fındıkları biraz soğutun. Sıcak somunları temiz bir beze koyun; gevşek cildi çıkarmak için havluyla ovun.

OVUŞTURULMUŞ MANTARLI ELMA SOSLU OTLU SOMON

BITIRMEK IÇIN BAŞLA:40 dakika yapar: 4 porsiyon

BÜTÜN SOMON FILETOSOTELENMIŞ MANTAR, ARPACIK SOĞANI VE KIRMIZI KABUKLU ELMA DILIMLERI KARIŞIMI ILE SÜSLENEN VE PARLAK YEŞIL ISPANAK YATAĞINDA SERVIS EDILEN - MISAFIRLERE SERVIS ETMEK IÇIN ETKILEYICI BIR YEMEK.

1 1½ kiloluk bütün somon filetosu, taze veya dondurulmuş, derisi üzerinde

1 yemek kaşığı rezene tohumu, ince öğütülmüş*

½ çay kaşığı kurutulmuş adaçayı, rendelenmiş

½ çay kaşığı öğütülmüş kişniş

¼ çay kaşığı kuru hardal

¼ çay kaşığı karabiber

2 yemek kaşığı zeytinyağı

1½ su bardağı taze mantar, dörde bölünmüş

1 orta arpacık soğan, ince dilimlenmiş

1 küçük pişirme elması, dörde bölünmüş, özlü ve ince dilimlenmiş

¼ fincan sek beyaz şarap

4 su bardağı taze ıspanak

Küçük taze adaçayı dalları (isteğe bağlı)

1. Dondurulmuşsa somonun buzunu çözün. Fırını 425 ° F'ye ısıtın. Büyük bir fırın tepsisini parşömen kağıdı ile kaplayın; bir kenara bırakmak balığı temizle; mutfak kağıdı ile kurulayın. Somonu deri tarafı aşağı gelecek şekilde hazırlanan fırına yerleştirin. Rezene tohumları, ½ çay kaşığı kuru adaçayı, kişniş, hardal ve biberi küçük bir kapta karıştırın. Somonun üzerine eşit şekilde serpin; parmaklarınızla ovun.

2. Balığın kalınlığını ölçün. Somonu her ½ inç kalınlık için 4 ila 6 dakika veya balık bir çatalla test edildiğinde pul pul dökülmeye başlayana kadar pişirin.

3. Bu sırada tava sosu için, büyük bir tavada zeytinyağını orta ateşte ısıtın. Mantar ve arpacık ekleyin; 6 ila 8 dakika veya mantarlar yumuşayana ve kahverengileşmeye başlayana kadar ara sıra karıştırarak pişirin. elmayı ekleyin; örtün ve pişirin ve 4 dakika daha karıştırın. Şarabı dikkatlice ekleyin. Açıkta 2 ila 3 dakika veya elma dilimleri yumuşayana kadar pişirin. Orta boy bir kaşıkla mantar karışımını orta boy bir kaseye aktarın; sıcak tutmak için örtün.

4. Ispanakları aynı tavada 1 dakika veya ıspanaklar suyunu çekene kadar sürekli karıştırarak pişirin. Ispanağı dört servis kasesine paylaştırın. Somon filetoyu dört eşit parçaya bölün, derisini tamamen kesin. Somon parçalarını deriden kaldırmak için büyük bir spatula kullanın; Her tabağa ıspanağın üzerine bir parça somon koyun. Mantar karışımını somonun üzerine eşit şekilde dökün. İsterseniz taze adaçayı ile süsleyin.

*İpucu: Rezene tohumlarını ince bir şekilde öğütmek için bir harç veya baharat öğütücü kullanın.

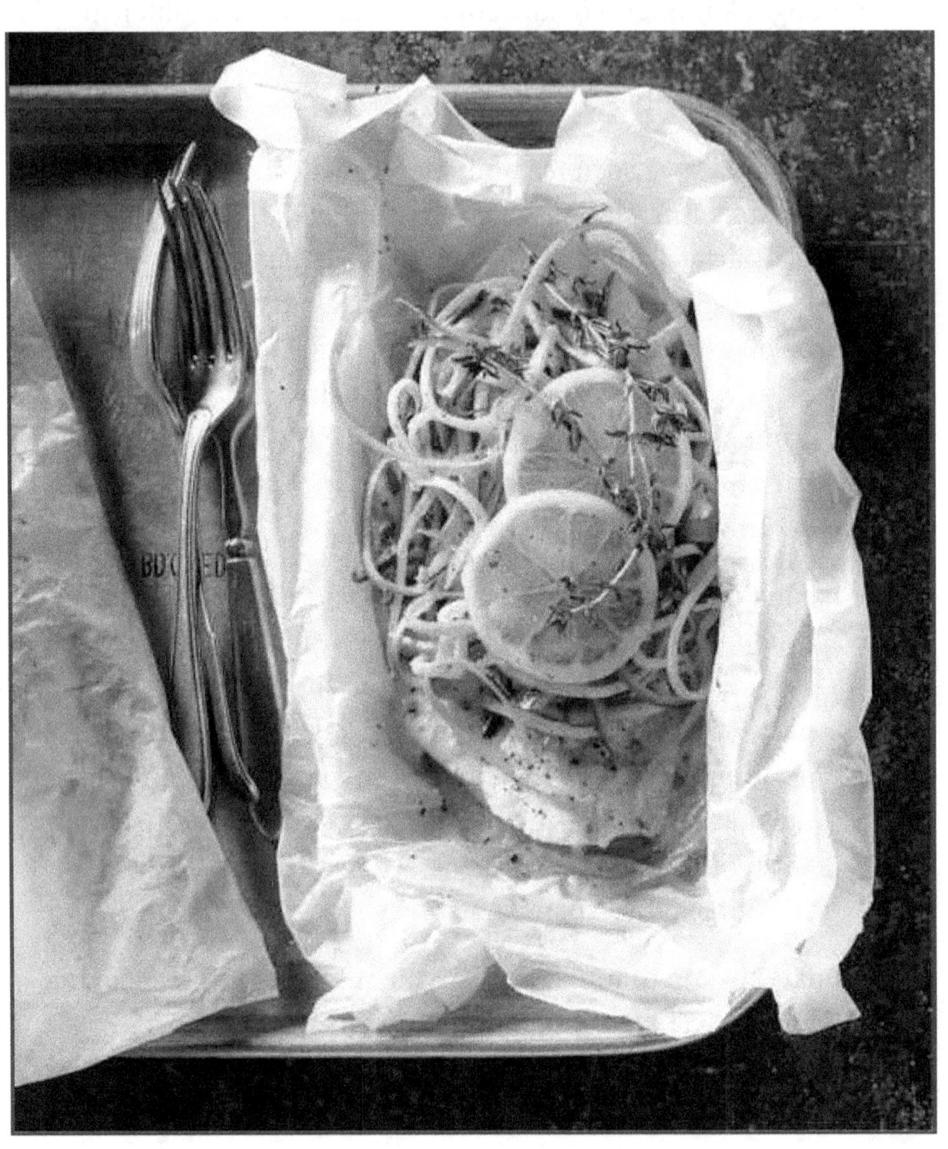

SOLE TR PAPILLOTE JÜLYEN SEBZELI

HAZIRLIK:30 dakika pişirin: 12 dakika Yapar: 4 porsiyon<u>FOTOĞRAF</u>

SEBZELERI KESINLIKLE JULIENNE YAPABILIRSINIZIYI BIR KESKIN ŞEF BIÇAĞIYLA, AMA ÇOK ZAMAN ALIYOR. JÜLYEN SOYUCU (BKZ.<u>"TEÇHIZAT"</u>) HIZLI BIR ŞEKILDE UZUN, INCE, DAYANIKLI SEBZE ŞERITLERI OLUŞTURUR.

4 ila 6 ons taze veya donmuş dil balığı, pisi balığı veya diğer sert beyaz balık

1 kabak, jülyen doğranmış

1 büyük havuç, jülyen doğranmış

½ kırmızı soğan, jülyen doğranmış

2 adet roma domates, çekirdekleri çıkarılmış ve ince doğranmış

2 diş sarımsak, kıyılmış

1 yemek kaşığı zeytinyağı

½ çay kaşığı karabiber

1 limon, 8 ince dilime bölünmüş, çekirdekleri çıkarılmış

8 dal taze kekik

4 yemek kaşığı zeytinyağı

¼ fincan sek beyaz şarap

1. Donmuşsa balığın buzunu çözün. Fırını 375 ° F'ye ısıtın. Büyük bir kapta kabak, havuç, soğan, domates ve sarımsağı birleştirin. 1 yemek kaşığı zeytinyağı ve ¼ çay kaşığı biber ekleyin; birleştirmek için iyi atın. Sebzeleri bir kenara bırakın.

2. Parşömen kağıdından 14 inçlik dört kare kesin. balığı temizle; mutfak kağıdı ile kurulayın. Her karenin ortasına bir dilim yerleştirin. Kalan ¼ çay kaşığı biber serpin. Sebzeleri, limon dilimlerini ve kekik dallarını eşit şekilde dilimler halinde kesin. Her yığına 1 yemek kaşığı zeytinyağı ve 1 yemek kaşığı beyaz şarap ekleyin.

3. Her seferinde bir paketle çalışarak, parşömen kağıdının her iki tarafını da soyun ve balığın üzerine birkaç kez katlayın. Parşömen kağıdının uçlarını katlayın.

4. Paketleri geniş bir fırın tepsisine yerleştirin. Yaklaşık 12 dakika veya balık çatalla test edildiğinde pul pul dökülmeye başlayana kadar pişirin (pişip pişmediğini kontrol etmek için paketi dikkatlice açın).

5. Servis için her paketi bir tabağa koyun; paketleri dikkatlice açın.

FÜME LIMON KREMALI ROKA PESTO BALIK TACOS

HAZIRLIK:30 dakikalık ızgara: ½ inç kalınlık için 4 ila 6 dakika Yapılır: 6 porsiyon

TABANI MORINA ILE DEĞIŞTIREBILIRSINIZ- TILAPIA YOK. TILAPIA MAALESEF EN KÖTÜ BALIK SEÇENEKLERINDEN BIRIDIR. ÇIFTLIĞIN HEMEN HEMEN HER YERINDE VE ÇOĞU ZAMAN KORKUNÇ KOŞULLARDA YETIŞIR; BU NEDENLE, TILAPIA NEREDEYSE HER YERDE BULUNSA DA BUNDAN KAÇINILMALIDIR.

4 4 ila 5 ons dilim taze veya donmuş taban, ½ inç kalınlığında

1 tarif Roka Pesto (bkz.<u>yemek tarifi</u>)

½ su bardağı kaju kreması (bkz.<u>yemek tarifi</u>)

1 çay kaşığı tütsülenmiş baharat (bkz.<u>yemek tarifi</u>)

½ çay kaşığı ince rendelenmiş limon kabuğu

12 marul yaprağı

1 olgun avokado, ikiye bölünmüş, beyazlatılmış, soyulmuş ve ince dilimlenmiş

1 su bardağı doğranmış domates

¼ fincan kıyılmış taze kişniş

1 limon, dilimler halinde kesilmiş

1. Donmuşsa balığın buzunu çözün. balığı temizle; mutfak kağıdı ile kurulayın. Balıkları bir kenara koyun.

2. Balığın her iki tarafına biraz Roka Pesto sürün.

3. Kömür veya gazlı ızgara için, balığı doğrudan orta ateşte yağlanmış bir ızgaraya yerleştirin. Örtün ve 4 ila 6 dakika veya balık bir çatalla test edildiğinde pul pul dökülmeye başlayana kadar ızgara yapın ve pişirme işleminin yarısında bir kez çevirin.

4. Bu sırada Smoky Lime Cream için küçük bir kapta kaju kreması, dumanlı baharat ve limon kabuğu rendesini çırpın.

5. Balığı çatalla parçalayın. Tereyağı yapraklarını balık, avokado dilimleri ve domatesle doldurun; kişniş serpin. Tacos'u Dumanlı Kireç Kreması ile gezdirin. Tacoların üzerine sıkmak için limon dilimleri ile servis yapın.

BADEM DERILI TABAN

HAZIRLIK:15 dakika pişirme: 3 dakika yapma: 2 porsiyon

SADECE BIRAZ BADEM UNUKREMALI DEREOTLU MAYONEZ VE TAZE LIMONLA SERVIS EDILEN BU ÇABUK PIŞEN KIZARMIŞ BALIKTA GÜZEL BIR KABUK OLUŞTURUR.

12 ons taze veya donmuş taban dilimleri

1 yemek kaşığı limon otu çeşnisi (bkz.yemek tarifi)

¼ ila ½ çay kaşığı karabiber

⅓ su bardağı badem unu

2 ila 3 yemek kaşığı zeytinyağı

¼ fincan Paleo Mayo (bkz.yemek tarifi)

1 çay kaşığı kıyılmış taze dereotu

Limon dilimleri

1. Donmuşsa balığın buzunu çözün. balığı temizle; mutfak kağıdı ile kurulayın. Küçük bir kapta, limon otu çeşnisini ve karabiberi karıştırın. Filetoların her iki tarafını baharat karışımıyla kaplayın ve yapışması için hafifçe bastırın. Badem ununu geniş bir tabağa yayın. Her dilimin bir tarafını badem ununa bulayın ve yapışması için hafifçe bastırın.

2. Büyük bir tavada, tavayı kaplayacak kadar yağı orta ateşte ısıtın. Balıkları kapalı tarafı aşağı gelecek şekilde ekleyin. 2 dakika kaynatın. Balığı dikkatlice çevirin; 1 dakika daha veya balık çatalla test edildiğinde pul pul dökülmeye başlayana kadar pişirin.

3. Sos için küçük bir kapta Paleo Mayonez ve dereotunu çırpın. Balığı sos ve limon dilimleri ile servis edin.

MANGO FESLEĞEN SOSLU IZGARA MORINA VE KABAK DILIMLERI

HAZIRLIK:Izgarada 20 dakika: 6 dakika yapım: 4 porsiyon

1 ila 1 ½ pound taze veya donmuş morina, ½ ila 1 inç kalınlığında

4 24 inç uzunluğunda ve 12 inç genişliğinde 4 adet kağıt

1 orta boy kabak, jülyen şeritler halinde kesilmiş

Limon otları (bkz.<u>yemek tarifi</u>)

¼ fincan Chipotle Paleo Mayo (bkz.<u>yemek tarifi</u>)

1 ila 2 yemek kaşığı olgun mango püresi*

1 yemek kaşığı taze limon veya misket limonu suyu veya pirinç şarabı sirkesi

2 yemek kaşığı kıyılmış taze fesleğen

1. Donmuşsa balığın buzunu çözün. balığı temizle; mutfak kağıdı ile kurulayın. Balıkları dört parçaya ayırın.

2. 30 cm'lik (12 inç) bir kare oluşturmak için her bir kağıdı ikiye katlayın. Kare bir kağıdın ortasına bir parça balık koyun. Kabağın dörtte biri ile süsleyin. Limon otu baharatı serpin. Kağıdın karşılıklı iki tarafını birleştirip kabak ve balığın üzerine birkaç kez katlayın. Kağıdın uçlarını katlayın. Üç paket daha yapmak için tekrarlayın. Sos için küçük bir kasede Chipotle Paleo Mayo, mango, limon suyu ve fesleğeni çırpın; bir kenara bırakmak

3. Kömürlü veya gazlı ızgara için paketleri doğrudan orta ateşte yağlanmış ızgaraya yerleştirin. Örtün ve 6 ila 9 dakika veya balık bir çatalla delinene ve kabak gevrekleşene kadar ızgara yapın (pişmiş olup olmadığını test etmek için paketi dikkatlice açın). Izgara yaparken paketleri devirmeyin. Her porsiyonu sosla kaplayın.

*İpucu: Mango püresi yapmak için ¼ fincan doğranmış mango ile 1 yemek kaşığı suyu bir karıştırıcıda birleştirin. Örtün ve pürüzsüz olana kadar karıştırın. Kalan mango püresini bir smoothie'ye ekleyin.

www.ingramcontent.com/pod-product-compliance
Lightning Source LLC
Chambersburg PA
CBHW051057050726
47592CB00002B/563